VIVE
la détox
gourmande

JACYNTHE RENÉ

VIVE
la détox gourmande

TRÉCARRÉ
Une société de Québecor Média

Catalogage avant publication de Bibliothèque et Archives nationales du Québec et Bibliothèque et Archives Canada

René, Jacynthe
Vive la détox gourmande
ISBN 978-2-89568-629-3
1. Détoxication (Santé). 2. Diétothérapie. 3. Livres de cuisine. I. Titre.
RA784.5.R46 2014   613   C2014-941220-7

Édition : Marie-Eve Gélinas
Direction artistique : Marike Paradis
Révision linguistique : Sophie Sainte-Marie
Correction d'épreuves : Isabelle Taleyssat
Grille graphique intérieure : Clémence Beaudoin
Couverture et mise en pages : Véronique Giguère
Photographies : Marc Dussault
Styliste culinaire et accessoiriste de studio : Anne Gagné
Préparation des recettes : Chantal Arcand

Remerciements

Nous reconnaissons l'aide financière du gouvernement du Canada par l'entremise du Fonds du livre du Canada pour nos activités d'édition.

Gouvernement du Québec – Programme de crédit d'impôt pour l'édition de livres – gestion SODEC.

Les Éditions du Trécarré
Groupe Librex inc.
Une société de Québecor Média
La Tourelle
1055, boul. René-Lévesque Est
Bureau 300
Montréal (Québec) H2L 4S5
Tél. : 514 849-5259
Téléc. : 514 849-1388
www.edtrecarre.com

Dépôt légal – Bibliothèque et Archives nationales du Québec et Bibliothèque et Archives Canada, 2014

ISBN : 978-2-89568-629-3

Distribution au Canada
Messageries ADP inc.
2315, rue de la Province
Longueuil (Québec) J4G 1G4
Tél. : 450 640-1234
Sans frais : 1 800 771-3022
www.messageries-adp.com

♡ ♡ ♡
À mes trois amours,
Louis, Charles et Sylvain

Sommaire

Préface

Sans hésitation, je déclare « vive la détox gourmande » ! Voici un livre rafraîchissant, une véritable mine d'or de bonnes idées qui font du bien et qui nous donnent le goût d'approfondir les pistes que nous ouvre Jacynthe René.

Cet ouvrage découle de l'itinéraire de vie de Jacynthe. Cette dernière a évolué de façon remarquable grâce à ses lectures et aux contacts humains qu'elle a su développer avec beaucoup d'à-propos et d'intuition auprès de personnes enrichissantes dans différents domaines du mieux-être. Une détermination tout en douceur et un sens de l'organisation peu commun lui ont permis d'expérimenter de multiples approches susceptibles d'améliorer la santé des gens qu'elle aime et leur équilibre émotionnel tout en rendant leur vie plus agréable.

Elle propose une détox au quotidien favorisée par une alimentation la plus naturelle possible, axée sur des aliments faciles à digérer et pourvus d'une valeur nutritive optimale. Être à l'écoute de son corps est important, et elle convient qu'il existe différentes façons de bien s'alimenter en fonction des individus. Jacynthe est végétarienne, mais elle n'est pas dogmatique.

Plusieurs sujets passionnants sont abordés : les aliments toxiques, les aliments substituts, la nourriture industrielle, les métaux lourds, les intolérances et les allergies, les superaliments, l'importance de manger frais et local. On trouve également des recettes de remèdes maison, des rituels beauté, des informations sur les différents usages des huiles essentielles, des instructions pour la fabrication de produits nettoyants sains ainsi qu'une introduction à la médecine traditionnelle chinoise et à quelques approches ayurvédiques de la détoxication.

Le livre comprend aussi une cinquantaine de recettes pour les lecteurs intéressés par une alimentation saine. Toutefois, à mon avis, l'attrait principal de cet ouvrage repose sur les différents apprentissages que nous propose Jacynthe René.

Bonne lecture !

Jacqueline Lagacé, Ph. D.
Auteure de *Comment j'ai vaincu la douleur et l'inflammation chronique par l'alimentation*

Préambule

Je suis une autodidacte passionnée de santé et de vitalité. Toutes les recettes et tous les conseils proposés dans ce livre sont logiques et naturels. Ils sont le fruit de mes recherches et expérimentations des dernières années.

Évidemment, chaque être humain est différent. Les résultats et les effets varient d'une personne à l'autre. Il n'existe pas de formule magique. Il faut apprendre à écouter son corps, à être attentif. Expérimentez les changements et apprenez à vous connaître à votre rythme.

Ni mon éditeur ni moi ne pouvons être tenus responsables des éventuelles réactions négatives résultant de l'application des idées des prochaines pages. L'auteure sera par contre très heureuse de recevoir vos histoires extraordinaires et le récit de votre métamorphose. Un endroit vous est réservé sur jmagazine.ca pour ce faire. Partagez vos réussites et inspirez-en d'autres !

Introduction

Mon histoire : parcours d'une obsédée par la destruction devenue passionnée par la santé !

Si vous souhaitez le bien-être, si vous avez envie d'un nouveau départ, peu importe où vous en êtes dans votre vie, j'ai des outils pour vous ! Depuis des années, je suis à la recherche constante d'idées pour maximiser l'énergie et favoriser le mieux-être. Du creux de ma niche où il fait bon vivre, je vous offre ce que j'ai récolté et expérimenté !

Je suis bien engagée sur la route de l'harmonie et du plaisir. Cette quête a pris son élan dans une période où je me sentais très mal dans ma peau et, je peux l'avouer avec un sourire, durant laquelle personne ne se retournait sur mon passage ! Disons que j'ai mis autant d'intensité à me détruire que je mets d'énergie aujourd'hui à être bien. Dans une autre vie, j'ai flirté avec les excès de toutes sortes. Puis je suis arrivée à un carrefour et j'ai choisi de changer. La transformation est possible pour tout le monde et elle peut mener à l'épanouissement. On peut changer du tout au tout, littéralement !

Forte de mon expérience, qui me donne une perspective différente, j'ai le souci d'être mieux dans ma peau, d'augmenter mon degré de vitalité. Je me suis retrouvée, puis reconstruite. Et après ? Une multitude de surprises, d'émerveillements et de nouvelles pistes de toutes sortes ont ponctué mon chemin, me poussant vers un bonheur toujours plus grand. Je me sens aussi immensément riche de mes rencontres avec des spécialistes extraordinaires venus de tous les milieux. Je les ai gardés près de moi pour qu'ils partagent leurs connaissances bienfaitrices avec vous.

Voici, sans prétention, un livre d'inspirations et de recettes pour être mieux dans votre vie.

Est-ce que le mode de vie que je vous propose est accessible ?

Mon mantra repose sur la simplicité et l'efficacité. Mes dépenses reflètent les idées de réutilisation, de santé. Je crois possible d'intégrer facilement ces habitudes qui font une immense différence. Les choix logiques s'adaptent à nos vies au rythme effréné. Je suis moi-même une maman avec une carrière remplie et j'ai plein de projets dans la vie !

Je partage des idées rafraîchissantes, nouvelles, parfois surprenantes. Elles favorisent la prévention et le bon fonctionnement de notre organisme, tout en cultivant l'ouverture d'esprit, la patience et la bonne humeur. Et je n'oublie pas le plaisir : il est possible d'appliquer mes conseils tout en étant comblé et en mangeant sucré ! Je souhaite que chacun d'entre vous réalise à quel point les recettes et idées présentées sont accessibles et naturelles à intégrer, et qu'avec elles vous puissiez atteindre le mieux-être que vous cherchez. Vous avez envie de changement ? Vous avez le bon livre !

Tableau d'une nouvelle réalité

De plus en plus, la tendance culinaire veut que l'on se serve d'aliments frais, qu'on choisisse des grains entiers, qu'on fasse provision de kale (chou frisé) et qu'on déguste des jus verts ou des *shakes* de protéines végétaliennes. Bref, qu'on mange ce qui nourrit, vivifie et satisfait, et non ce qui est usiné, dévitalisé et stagnant !

Les épiceries et restos santé voient leur clientèle décupler à la vitesse grand V ! Un couple de baby-boomers troque l'alimentation traditionnelle emballée pour des produits en provenance directe des fermes du coin. Leurs yeux brillent autant que ceux du couple d'athlètes qui achète à un chasseur son gibier pour l'année. Une nouvelle façon de choisir ses aliments, de conserver, de penser voit le jour. Un ancien réflexe nous revient parce qu'il fait du bien. Vivement que l'on retrouve notre relation à la terre, à l'alimentation ! Et qui plus est, nos maux pourraient s'essouffler... Notre bien-être pourrait à ce point s'améliorer qu'il se refléterait dans notre peau, notre regard, notre démarche.

Aujourd'hui, on étale davantage notre style de vie que notre niveau de vie. La mode est au bien-être corporel, la bonne forme est *in*. On désire bien vivre : c'est une tendance à la hausse qui n'est plus réservée à quelques adeptes. La santé est au goût du jour. Et c'est tant mieux ! Tout pour respirer la jeunesse, la beauté, la forme. Faire attention à son corps et souhaiter bien se nourrir n'échappent pas au courant. Plusieurs en ont fait leur mode de vie : se rendre au bureau à vélo, pratiquer le jogging, participer à des marathons... La simplicité, le *vintage*, le vert regagnent leurs lettres de noblesse : les stars et athlètes s'y associent les uns après les autres et nous inspirent.

Je résumerais cette nouvelle réalité avec les mots « détox », « vitalité » et « plaisir ». Les allergies, intolérances et problèmes de toutes sortes imposent des changements. Ma cuisine est verte, sexy et magique parce que ses effets sont renversants. Elle est satisfaisante, gourmande et santé. Mes invités sont surpris, car c'est bon ! Les plats les comblent sans laisser de mauvais *feeling*, sans les alourdir. À vous de jouer et d'étonner maintenant !

Dans ce livre, je partage avec vous les découvertes et expériences en nutrition qui ont été franchement utiles à mon épanouissement. Il est le témoignage d'un changement accessible à tous.

J'y résume des lectures, des consultations et des stages divers qui m'ont inspirée. Je ne suis pas du genre à perdre mon temps, je ne vous ferai pas non plus perdre le vôtre. Vous pouvez voir ça comme un cadeau, une économie de temps et de recherche ! Je vous propose un mode de vie révolutionnaire, des idées qui pourront vous aider à être bien, tout simplement.

Je suis passionnée par la quête d'une alimentation qui favorise le bien-être. Vous réaliserez que les recettes présentées ont des effets puissants. **Sans vous priver ni calculer, elles vous procureront : perte de poids naturelle, peau sublimée, vitalité, clarté d'esprit, jeunesse retrouvée, système immunitaire renforcé, bien-être généralisé !** Vous verrez peut-être même certains de vos malaises disparaître et conserverez ces bienfaits

ENGAGEMENT

Faites-vous plaisir : engagez-vous maintenant à essayer les recettes et à appliquer les principes de ce livre pour un minimum de trois semaines (une goutte d'eau dans votre vie, qui la changera probablement !). Ne notez ni votre poids, ni vos mensurations. Aucun sacrifice n'est requis. Je vous propose de faire les choses différemment, dans le plaisir, avec de nouveaux ingrédients, pour une expérience de bien-être merveilleuse. Ne vous limitez pas à ce livre ; celui-ci est un point de départ. Partagez votre initiative avec votre famille, vos amis et, surtout, amusez-vous à tricher de temps en temps si ça vous chante. Après tout, il ne faut pas se prendre trop au sérieux !

recherchés depuis longtemps. Est-ce possible ? Sans aucun doute, et rapidement !

J'en profite pour vous faire une confidence : j'ai déjà déjeuné quotidiennement avec une et parfois deux tartes au sucre. Si, quelques années plus tard, je me nourris de la façon décrite au cours des prochaines pages, vous pouvez le faire aussi !

Vous pouvez apprivoiser et intégrer graduellement les principes que je vous présente, vous aurez quand même des résultats dès les premiers repas. Il importe même de ne pas faire un changement radical de mode de vie. S'écouter et rester en transition le temps que le corps s'adapte est bénéfique.

Bonne nouvelle vie !

DÉTOX

La détox au quotidien

Qu'est-ce que c'est ?

La détoxication est vieille comme le monde. D'après ma propre expérience et tous les témoignages reçus, ça vaut vraiment le coup de l'essayer !

Selon le Dr Alejandro Junger, médecin à l'institut Hippocrate, « la détoxication est aussi nécessaire à la vie que les battements du cœur. Nos cellules forment constamment des toxines qui sont des déchets normaux du métabolisme[1] ». Malheureusement, notre vie moderne nous « bombarde » de toxines supplémentaires dans l'air, les aliments, les divers produits pour le corps et pour la maison. Notre corps ne peut plus tout gérer, tout éliminer. Nous ne lui donnons pas non plus, à la base, les nutriments nécessaires pour que ses organes puissent bien fonctionner et éliminer les toxines.

Une fois absorbées, celles-ci sont relâchées dans le sang, puis dirigées vers le foie, où se fait naturellement la détoxication. Je vous épargne les

LES BIENFAITS

- Soulagement à la source de bien des maux : fatigue, constipation, maux d'estomac, migraines, etc.
- Perte de poids naturelle
- Peau sublimée
- Gain de vitalité, d'énergie
- Meilleur sommeil
- Clarté d'esprit améliorée
- Satisfaction, sentiment d'être bien nourri et absence de rages de nourriture sucrée ou grasse
- Baisse du taux de mauvais gras, donc amélioration de la santé cardiovasculaire
- Digestion améliorée et inflammation réduite, donc disparition de plusieurs problèmes de santé

1. Kris Carr, *Crazy Sexy Diet*, Skirt !, 2011.

étapes du processus pour mettre l'accent sur le groupe d'enzymes qui le rendent possible. Pour bien fonctionner, celles-ci ont besoin d'une certaine quantité de nutriments. Un régime naturel, c'est-à-dire composé d'aliments frais, entiers et aussi peu transformés que possible, fournit les nutriments et antioxydants nécessaires au bon fonctionnement de notre organisme et permet de prévenir les dommages causés par l'oxydation des toxines non éliminées.

Donc, la détoxication se fait naturellement, mais à cause de ce « bombardement » extérieur et de notre alimentation déficiente, notre corps a besoin d'un coup de pouce.

Comment ça marche ?

Personnellement, j'ai toujours trouvé que, lorsque je comprenais ce qui se passait, mes actions étaient doublement efficaces ! Qui plus est, lorsque notre esprit comprend, il peut nous influencer. La connaissance peut engendrer le changement, surtout si on associe ce dernier au plaisir, gage de persévérance et de succès. On visualise les gains (beauté, perte de poids, santé, etc.), et la spirale nous emballe : l'humeur positivement affectée par notre nouveau style de vie nous motive et nous entraîne vers une vitalité toujours plus grande. Amusez-vous à vous projeter dans cinq, dix, quinze ans : l'influence de la visualisation s'en trouvera décuplée.

Vous n'avez pas à tout retenir : les recettes de ce livre ont été choisies et testées afin de favoriser une absorption efficace et optimale des nutriments essentiels et facilement accessibles. En plus, elles sont délicieuses !

Le principe premier d'une alimentation qui favorise le bien-être et élimine lourdeurs, ballonnements dérangeants et fatigue est tellement simple : certains aliments nécessitent plus d'énergie pour les digérer que l'énergie même qu'ils procurent. Le résultat s'annule ! Les emballages et étiquettes font le compte des calories, mais ce n'est pas représentatif de ce que le corps reçoit réellement. Comprendre cette équation est vital. Nous voulons privilégier les aliments à haute densité nutritive (qui nous nourrissent) et faciles à digérer.

Plus notre corps utilise de l'énergie pour assimiler les nutriments, moins il nous en reste. Par ailleurs, les aliments à haute densité nutritive et faciles à digérer donnent aussi un effet de satiété, de satisfaction : nous n'avons pas faim, nous sommes repu mais léger, et rempli d'énergie. À noter : plus un aliment est raffiné, plus le corps a de la difficulté à le digérer.

De plus, un poids santé et une apparence jeune sont le résultat de cellules propres, sans déchets inorganiques (synthétiques). Lorsque ces déchets s'accumulent à l'intérieur de nos cellules, donc de nos tissus et organes (la peau en est un), ils créent des problèmes : mauvaise circulation, mauvais travail de nos systèmes puisqu'ils ne peuvent fonctionner librement et à leur plein potentiel. Vos soucis quotidiens sont en très grande majorité liés à ces congestions. Plusieurs maladies résultent d'une alimentation pauvre en nutriments et riche en aliments transformés industriellement et en sucre raffiné.

Je vous avoue que, pour moi, ces affirmations constituent tout un revirement de situation ! J'ai toujours pensé que les calories importaient. Eh bien, non ! Dans ce nouveau mode de vie, on ne les compte pas. On se préoccupe plutôt de la densité nutritive, c'est-à-dire l'aspect nourrissant des aliments. Se nourrir ne signifie pas prendre plus de calories ou de poids, mais bien offrir à notre organisme les nutriments dont il a besoin pour bien fonctionner. Quelle liberté ! Moi qui ne mangeais ni céleri ni feuilles vertes, les croyant inutiles, je ne savais pas qu'ils regorgent de minéraux et vitamines diverses essentiels à la vie et dont raffolent les cellules de notre corps. Lorsque ces dernières font face à des aliments peu nutritifs, inconnus ou encore digérés difficilement, cela engendre du stress causé par le travail et la non-satisfaction des besoins essentiels. Une bonne dose d'adrénaline est positive, on s'entend. Mais ce stress ne l'est pas et peut être évité par une alimentation adéquate.

En réalité, lorsque le corps reconnaît les aliments et les assimile aisément, il n'est ni encombré ni monopolisé, et il peut bien fonctionner. Les nutriments (vitamines, minéraux), quant à eux, peuvent être bien dirigés là où ils sont requis. Un organisme qui fonctionne comme la nature l'entend se régénère et fournit énergie et vitalité pour gambader toute la journée !

En résumé, pour commencer un processus de détoxication, il est important de ne pas stocker de déchets supplémentaires. Pour ce faire, il faut veiller à consommer des aliments qui se digèrent facilement et possèdent une haute densité nutritive.

Ensuite, on procède au nettoyage de nos cellules afin qu'elles puissent respirer et faire leur boulot sans gêne. Lorsqu'on élimine ce qui obstrue l'organisme et pollue la peau, on s'embellit et on gagne en forme : le teint se purifie, l'esprit se clarifie, la circulation, l'énergie et les fonctions vitales s'améliorent... Délogé des « intrus », le corps retrouve sa taille idéale et son fonctionnement maximal, et nous, notre vitalité d'adolescent.

Dans un monde pollué où les aliments industrialisés et les produits divers nous empoisonnent, qui peut faire ce ménage ? Les enzymes. Quel est le rôle des enzymes ? Quand un aliment quelconque est ingéré, il est découpé en toutes petites fractions par nos propres enzymes, dont la production diminue avec l'âge et le stress. Faire le plein d'enzymes est nécessaire à la régénération cellulaire. Et où trouve-t-on les enzymes ? Dans les fruits et légumes crus ainsi que dans les graines et les noix. Non seulement ils sont facilement digérés et éliminés, ils comportent aussi de ces enzymes qui vont nous aider à nous nettoyer des déchets trop longtemps hébergés. Ce n'est pas sorcier !

La différence majeure d'avec tous les régimes amaigrissants, c'est qu'à l'aide de nourriture nous débarrassons l'organisme des déchets accumulés. Nous permettons ainsi aux organes de mieux fonctionner. On risque donc aussi d'éliminer les bobos quotidiens. Si les régimes conservent les mêmes aliments en quantités diminuées, la santé ne peut vraiment changer, outre l'excès de poids perdu... et malheureusement vite retrouvé.

Avec ce qui suit, vous pourrez manger à votre faim, sans compter. Il s'agit simplement d'ingérer de vrais aliments qui peuvent être digérés par notre système digestif, décomposés en nutriments essentiels et propulsés là où sont nos besoins, tels des centaines d'employés qui s'affairent à nettoyer nos organes et à leur fournir oxygène, minéraux et vitamines essentielles à leur fonctionnement. De plus, lorsque notre organisme est bien nourri, il n'envoie pas de signaux de faim!

Notez qu'un tel processus de détoxication ne peut se faire du jour au lendemain, car une fois les indésirables délogés, encore faut-il les éliminer! Les organes éliminateurs (côlon, peau, etc.) ne peuvent le faire tout d'un coup. Si vous êtes comme moi, vous désirez des résultats dans la minute, mais, comme un grand sage disait: le chemin pour se rendre à l'auberge est plus intéressant, amusant et gratifiant que l'arrivée elle-même.

Ainsi, lorsque nous délogeons les toxines de notre organisme, certains symptômes temporaires de nettoyage (maux de tête, constipation, nausées) peuvent se manifester, signe que nous sommes bel et bien en processus de détoxication. Quand on s'y met progressivement, ceux-ci témoigneront symboliquement du changement qui s'amorce. Soyez heureux! C'est le mauvais qui sort! Suivront énergie, vivacité d'esprit, bonne humeur, regain d'énergie, peau sublimée, taille idéale, vitalité et j'en passe!

En adoptant petit à petit l'habitude de consommer de bons aliments, vous ne vous sentirez pas privé et vous ressentirez des effets agréables dès les premiers repas. Il s'agit de modifier et de remplacer tranquillement les mauvaises habitudes en intégrant les bonnes. Le tout, pour une satisfaction incomparable. Vous pourrez même prendre du dessert (voir p. 121)!

Cru ou cuit?

Les crudivores vous diront qu'un aliment cru conserve non seulement ses nutriments, mais aussi les enzymes le rendant facilement digestible, alors que le corps doit produire lui-même des enzymes pour aider la digestion d'un aliment cuit ou transformé, ce qui demande un surplus d'énergie (et engendre un stress supplémentaire).

Si une personne souffre de certains troubles digestifs, cependant, il est préférable de cuire un peu les aliments pour diminuer le risque d'inflammation et d'éliminer aussi les plats trop épicés, les stimulants, les graines de fruits et légumes. Les légumes crus conservent effectivement toutes leurs propriétés nutritives, mais peuvent s'avérer plus difficiles à digérer. Comme la valeur nutritive des aliments est parfois détériorée par la chaleur, des cuissons rapides à la vapeur peuvent être avantageuses. De façon générale, les céréales, légumineuses et légumes racines doivent être cuits pour être digestibles. Les fruits, légumes, noix et graines peuvent être mangés crus.

Je vous propose de les inclure à votre rythme, au fur et à mesure que votre système digestif s'adapte. Vous en éprouverez les bienfaits. Lorsque vous cuisez un aliment, allez-y en douceur et privilégiez la cuisson à la vapeur pour ne pas trop détruire les nutriments.

Les bienfaits du cru

- Aide à alcaliniser le corps, réduit l'inflammation.
- Conserve les enzymes naturelles des aliments, qui sont indispensables à une bonne digestion (la digestion monopolise 80 % de l'énergie disponible, donc une digestion plus facile signifie davantage d'énergie pour nos activités). Les protéines végétales sont aussi plus faciles à digérer.
- Conserve tous les nutriments, les vitamines, les phytonutriments, les enzymes, l'eau et les sucres naturels complets qui sont habituellement détruits par la chaleur, la cuisson et la pasteurisation.
- La grande quantité de phytonutriments et de minéraux contenus dans les aliments crus aide les organes éliminatoires (côlon, reins, peau, poumons) à faire leur travail : expulser les toxines.
- Les aliments crus conservent toute leur eau, donc la digestion nécessite moins de sang, en laissant ainsi davantage pour la régénération et l'oxygénation des muscles et du cerveau.

Les aliments faciles à digérer et qui offrent une nutrition optimale

Voici, en ordre, ce que notre corps assimile naturellement aisément :

- les fruits et légumes frais, crus ou légèrement cuits ;

- les graines et noix crues ;

- les huiles d'olive, de lin et de chanvre, de première pression ;

- les légumes féculents cuits, comme la citrouille, la patate douce.

Privilégier ces aliments est un gage de bonheur pour se sentir léger et avoir un maximum d'énergie et de vitalité. En début de journée, pour « vibrer », vous pouvez manger des fruits (digérés facilement, en une heure et souvent moins) et constater la différence sur le plan physique et sur le plan de la vitalité. Lorsque nous sommes à jeun, leurs enzymes s'occupent de faire le ménage dans notre intérieur, et la sensation est fabuleuse.

Par ailleurs, comme les compositions des aliments sont différentes, un buffet de combinaisons peut accroître le travail du système digestif. En effet, si, chimiquement, les chaînes offertes à notre organisme sont différentes, le travail pour les décortiquer n'est pas le même. Alors que si on consomme des aliments similaires d'un point de vue chimique, le travail pour briser les chaînes nutritives et en rediriger les nutriments peut se faire en même temps. Si votre digestion n'est pas au mieux, que vous souffrez déjà de malaises divers (diarrhée, constipation, irritation, reflux, ballonnements), il faut épargner votre système digestif et l'aider à retrouver ses pleines capacités.

Les combinaisons

Voici les trois catégories d'aliments à consommer de façon distincte pour aider notre système digestif, selon les nutritionnistes détox :

- les fruits frais ;

- les féculents : grains entiers, patate douce, légumineuses ; le maïs cuit et l'avocat y figurent en exceptions ;

- les protéines : noix, graines, légumineuses, œufs, poisson, viande.

Aussi :

- les melons se mangent seuls, car ils se digèrent en quinze à trente minutes ;

- les autres fruits se mangent seuls aussi (une heure de digestion) et il est conseillé d'attendre une heure ou deux avant de prendre un aliment d'une autre nature ;

- les protéines animales peuvent mettre jusqu'à huit heures avant d'être digérées ;

Les légumes et l'avocat sont neutres et peuvent être consommés avec toutes les catégories, tout comme les laits de noix.

Pour conclure, le secret réside dans une digestion efficace d'aliments nutritifs : ainsi, nous n'accumulons pas de déchets, ni de poids, ni de problèmes, nous gardons notre énergie et nous nous assurons que nos organes fonctionnent à leur plein potentiel... ainsi que notre système immunitaire !

Voici une proposition parfaite pour un effet détox léger ou une transition vers un mode de vie santé : préconiser l'application des nouvelles habitudes en début de journée, afin d'avoir de l'énergie et, simultanément, de donner une chance au corps de se nettoyer et de se renouveler. Si vous souhaitez maximiser votre énergie durant toute la journée, continuez ensuite de manger ce qui est facile à digérer.

Entendons-nous : nous avons besoin de manger le matin. Composer des repas et des collations digestes et nutritifs en début de journée, sans se priver, n'apporte que des bienfaits. J'aime avoir de l'énergie toute la journée et je ne suis jamais affamée. Je vous propose des avenues avec lesquelles jouer selon vos habitudes, votre constitution, votre travail... Être conscient de ce qu'exige la digestion de protéines animales et d'aliments chimiques aidera et guidera vos choix. Il m'arrive de prendre une frite à l'occasion, ou de la crème glacée, mais je ne le ferai pas avant un rendez-vous important qui requiert ma vivacité, sachant fort bien comment je réagis à la consommation de tels aliments.

Évidemment, il est aussi préférable que chaque repas soit bien équilibré pour que le corps puisse synthétiser les nutriments qu'on lui donne. Dans la cellule, qui se charge de ce travail de synthèse, tous les outils nécessaires à la fabrication doivent être présents au même moment. Par exemple, les acides aminés essentiels ne peuvent être stockés dans la cellule. Ils sont tout de suite utilisés pour fabriquer une protéine, sinon ils sont oxydés ou convertis. Les légumes verts ou les légumineuses sont pauvres en méthionine, un acide aminé essentiel, mais les céréales en ont alors qu'elles sont pauvres en lysine, autre acide essentiel qui se trouve en bonne quantité dans les légumineuses. Donc si vous ne les mélangez pas dans un même repas, ils ne seront pas absorbés au même moment, et la cellule au bout de la chaîne n'aura pas les ingrédients nécessaires à sa recette au moment voulu. La nature est bien faite : les grains et légumineuses s'associent heureusement !

Pour commencer

S'il y avait une idée à retenir pour de beaux changements, la voici. Lorsqu'on se réveille, procéder au nettoyage du corps, à jeun, en prenant des fruits, entiers ou sous forme de smoothie. Personnellement, je me sens tellement bien à « vibrer » sur des fruits que je prolonge le plaisir, la légèreté. Ça dépend de chacun, écoutez-vous ! À chacun sa constitution et sa démarche. Les jus de fruits ou les smoothies aux protéines végétales procurent clarté d'esprit, vivacité et énergie. Pour éviter d'avoir faim, misez sur la banane, l'avocat et les superaliments. Faites-vous plaisir sans vous priver, nourrissez-vous d'un smoothie, qui peut devenir une crème-déjeuner avec moins de liquide. Le corps assimile les nutriments dont il a besoin, les digère facilement et se sent satisfait. En commençant par les fruits, on est gagnant : non seulement ils se digèrent rapidement et donnent un effet de légèreté et de vitalité, mais, quand nous sommes à jeun, leurs enzymes sont propulsés à leur boulot directement et sans gêne. Les melons et cantaloups se digèrent plus rapidement, donc mangez-les préférablement en premier et seuls. Le mariage des fruits avec les laits végétaux, les noix, les graines et les légumes est recommandé.

On peut aussi boire des smoothies à un autre moment dans la journée. Ce sont des repas en soi, dont votre organisme raffolera : « Enfin les acides aminés, les bons gras et sucres nécessaires à ma santé ! »

Un autre pas à faire, lorsque vous désirez aller plus loin dans votre cure, est d'ajouter du vert. Je me suis réveillée un matin avec une rage d'épinards, au point où j'ai sauté dans ma voiture pour aller en acheter ! D'ailleurs, les épinards s'ajoutent aisément aux smoothies, leur goût ne prend pas le dessus et ils nous font profiter des bienfaits de la chlorophylle*, l'énergie du soleil. Ah, ce vert! Il m'attire comme rien d'autre dans mon réservoir d'aliments superpuissants. Son effet nettoyant aide le corps à déloger les toxines du foie et stimule la régénération cellulaire. Ajouter à son menu une super salade « booste » l'énergie et la santé!

Je privilégie une bonne base de feuilles vertes, finement coupées, sur laquelle j'ajoute au moins cinq légumes : carottes, céleris, échalotes, courgettes... Attention, le chou est moins digeste. Puis, selon mes envies, j'y mets ce qui me tombe sous la main : coriandre, pousses de toutes sortes (voir encadré), autres herbes fraîches, noix de pin ou du Brésil... Si on est allergique aux noix, on se tourne vers les graines, de tournesol par exemple. Pour l'agrémenter ou la réchauffer, on peut ajouter des épinards poêlés. Une vinaigrette consistante à base de beurre de noix ou de graines (voir p. 83) vous procurera, je vous l'assure, entière satisfaction! Mes invités en redemandent à coup sûr! Que cette salade devienne votre base de repas le midi : vite faite, bien faite. Vous lui serez reconnaissant! Elle a changé notre vie, à mon amoureux et moi. Lors d'une consultation, un spécialiste nous a révélé que le secret de la vitalité résidait dans la consommation d'une telle salade. Au début, j'ai grimacé! Puis on y a vite pris goût, au point où, rapidement, on n'a pu s'en priver. En réalité, on ne peut plus se passer de ses vertus. Cette salade a été le point de départ d'une énergie et d'un mieux-être toujours plus grands ainsi que de rencontres et de recettes magiques, partagées dans ce livre.

C'est si simple et, pourtant, quel changement de vie, de vitalité! Lorsqu'on s'y met, on s'aperçoit qu'il existe des centaines de recettes, contenant différentes herbes, noix et vinaigrettes... Je vous offre les plus intéressantes et succulentes parmi les miennes. Je n'ajoute pas de croûtons, sauf ceux sans farine et concoctés maison, pas plus que du fromage ou de la viande. La plupart de mes recettes sont simples et rapides à préparer, et surtout efficaces sur les plans de la nutrition et de la santé! Il faut savoir qu'un fruit ou un légume qui a été épluché, râpé ou passé au robot s'oxyde très facilement, alors si je le prépare plusieurs heures à l'avance, il a perdu beaucoup de vitamines et d'antioxydants. Vous serez rapidement inspiré et à l'aise dans votre nouvelle cuisine, votre nouvelle vie. Après quelques recettes, vous inventerez les vôtres et vous réjouirez d'incorporer de nouveaux aliments superpuissants!

Le pH

Les maux se développent en milieu acide. Des auteurs mentionnent que les cancers ne peuvent se développer dans des milieux alcalins. Wow! Malheureusement, le stress et notre alimentation raffinée et chimique entraînent notre organisme vers l'acidité.

Nous pouvons mesurer l'équilibre acide-alcalin de notre corps avec des papiers pH, en vente dans les épiceries santé. Notre pH devient tout un outil, même pour les plus sceptiques!

Un bon pH, donc neutre, se situe à 7,35; plus le chiffre descend, plus le milieu est acide. Maintenir un pH neutre est vital et le gage d'une bonne

---

* La chlorophylle (pigment vert des végétaux) prend l'énergie du soleil absorbée par la plante pour la convertir. Elle peut aussi être achetée sous forme concentrée lorsqu'on manque de temps pour préparer un bon jus vert!

Pousses

Les pousses sont accessibles, efficaces pour accélérer la digestion, en plus de regorger de vitamines, de minéraux, de chlorophylle et d'enzymes. Vous pouvez acheter un kit ou encore un sac à germination, que j'aime beaucoup (on arrose les graines et on suspend), mais vous pouvez aussi le faire dans des pots Mason (laisser tremper les graines vingt-quatre heures, puis les égoutter à l'aide d'un coton à fromage, coucher le pot, répéter tous les jours). Des pousses de sarrasin, de légumineuses, de lentilles sont à votre portée, prêtes en trois jours en moyenne et gardées au frigo pour une santé améliorée!

Les enfants adorent donner vie aux graines, les soigner et les voir pousser. Je les parsème sur les salades, dans les sandwichs, dans le riz, sur du quinoa; je les roule dans des feuilles de nori ou de riz avec hoummous et légumes, etc.

PRIVILÉGIER (ajouter tous les jours à votre menu)

- Des aliments à haute densité nutritive, qui soutiennent le bon fonctionnement des cellules et de l'organisme, donnent de l'énergie et équilibrent le pH (voir p. 24)
- Des aliments naturels et entiers qui nourrissent directement notre organisme sans qu'il ait à travailler trop fort pour accéder aux nutriments (pour ne pas engendrer de stress supplémentaire*) : dans cette optique, manger le moins possible d'aliments transformés sera meilleur.

BANNIR (ou diminuer jusqu'à l'élimination)

- Les aliments raffinés (sucre, farine blanchie) et dénaturés (vides de nutriments) qui multiplient les toxines, engendrent de l'inflammation et augmentent le stress**
- Tout ce qui ne relève pas de la terre mais de la formule chimique, du chinois pour le système digestif qui criera famine aussitôt
- Les stimulants qui surchargent le corps ; viser plutôt un niveau d'énergie élevé et constant

LES BONNES HABITUDES À ADOPTER, À VOTRE RYTHME

- Manger en respectant le système digestif (le laisser se reposer et éviter les buffets de combinaisons)
- Mastiquer lentement pour savourer les aliments et réduire le gain de poids (c'est prouvé), mais surtout pour détendre le système nerveux ; le contraire stimule la sécrétion d'adrénaline qui nuit à une bonne digestion

ET PETIT À PETIT...

- Intégrer des smoothies nutritifs et complets au déjeuner
- Ajouter du vert dans les repas du midi
- Se tourner vers des collations santé

RESTEZ À L'ÉCOUTE DE VOTRE CORPS : NOUS SOMMES SEPT MILLIARDS, IL EXISTE DONC SEPT MILLIARDS DE RECETTES POUR UN BIEN-ÊTRE OPTIMAL !

---

* Pour réduire le stress lié à la digestion, il faut maximiser son efficacité ainsi que l'assimilation des nutriments.

** Lorsque le corps ne trouve pas ce dont il a besoin, il reste sur sa faim et réclame plus de nourriture. Ce stress épuise. On y met fin en lui offrant des nutriments dont il a besoin.

santé. À l'opposé, un intérieur continuellement acide engendre de la fatigue, ralentit la régénération cellulaire, perturbe les systèmes immunitaire et hormonal ainsi que le sommeil.

Lorsque les toxines ne sont pas éliminées et qu'elles s'accumulent, notre équilibre acido-basique est modifié : il devient alors, la plupart du temps, trop acide. Notre corps comporte des mécanismes de défense pour rétablir l'équilibre lorsque cela arrive. Respirer rapidement, par exemple, libère de l'acidité, pour une courte période. Si la situation persiste, notre organisme libérera des minéraux pour tenter de neutraliser cette acidité, dont le calcium. « Les os se dissolvent littéralement, provoquant l'ostéoporose », explique le Dr Alejandro Junger dans *Crazy Sexy Diet*.

Il est courant d'avoir un résultat acide au test de pH le matin, à la suite de l'évacuation nocturne des toxines. Nos boissons et notre alimentation devraient rétablir l'équilibre. Voici un exemple de la progression de mon pH au cours de la même journée. Notez que je considère que j'ai une bonne base alimentaire, pas trop de stress et que, lors de cette journée type, j'ai mangé surtout des aliments alcalinisants.

Je démarre à 6,4 le matin après le café ; je n'ai pas accès à des grains verts fraîchement torréfiés – soit depuis moins de dix jours – dont le café est alcalinisant ; mon café ne m'aide pas ! J'atteins 6,6 après une tisane de basilic sacré et 6,8 après un jus antioxydant. Je suis encore loin du but ! Un jus vert (voir p. 62) me mène à 7,2. Je soupe avec mon okinawa (voir p. 98) et BINGO ! Je frappe le 7,5 !

LES ALIMENTS À EFFET ALCALINISANT À FAVORISER POUR RÉTABLIR L'ÉQUILIBRE

- Les feuilles vert foncé (kale, épinards...), l'herbe de blé, les aliments qui possèdent un contenu en chlorophylle important, car cette dernière augmente notre pH
- Les légumes, les pousses, les algues
- Les agrumes, la mangue, les melons
- Le gingembre
- Les herbes fraîches

Le pouvoir alcalinisant des autres fruits et des graines est présent, bien qu'un peu moins puissant : on les aime.

Certains aliments sont neutres (les noix) ou créent une légère acidité (les légumineuses) : on en mange sans souci.

Mais certains autres aliments engendrent un pH acide, dans lequel se réjouissent les bactéries et virus. À vous de choisir ! Ils ont aussi tendance à générer un gain de poids. Ces aliments sont :

- les aliments raffinés ;
- les viandes ;
- le beurre, les fromages ;
- les crustacés ;
- les boissons gazeuses.

Les aliments toxiques

Le fabriqué, l'usiné

Condamnez le raffiné, l'usiné, le dénaturalisé-dévitalisé, et valorisez l'aliment sain, entier, frais, et, dans la mesure du possible, local. Dans votre nouvelle vie, vous pouvez tranquillement abandonner les faux aliments suivants, qui ne contiennent rien de bon et qui sont remplis de mauvais :

- les farines blanches, les pâtes blanches ;
- les sucres blanc, brun et de maïs ;
- les produits ou plats préparés à la chaîne ;
- les gras animaliers ;
- les additifs chimiques (aspartame, colorants, préservatifs et autres) que le corps ne reconnaît pas ! Ils encombrent les cellules (qui ne peuvent les assimiler) et, ce faisant, les empêchent de bien fonctionner.

Pourquoi ne pas en profiter pour faire le ménage du garde-manger et faire une belle place pour de vrais aliments savoureux et nourrissants (voir p. 45) ?

Notre énergie est monopolisée lorsque notre organisme tente de digérer des aliments chimiques inconnus ou encore des protéines trop complexes pour lui. Cela se traduit par de la fatigue et une sensation de lourdeur, de manque d'énergie. Pire, notre corps abandonne au bout de plusieurs heures et met de côté ces déchets qui, soumis à notre chaleur intérieure, se putréfient, tel un dépotoir vivant, en plus de causer un surplus de poids et la congestion des organes. Nous sommes ce que nous mangeons... et ce que nous ne pouvons éliminer !

J'entends par aliments chimiques ce qui ne pousse pas naturellement, qui est plutôt fabriqué en laboratoire : les couleurs fluo, saveurs artificielles, agents d'odeur, de texture, etc. Ces faux aliments jouent un tour à notre organisme : leurs molécules ressemblent à de la vraie nourriture, mais une fois qu'elles sont dans notre corps, il ne peut les utiliser. Ces pseudo-aliments causent alors irritation et inflammation. Le foie, de son côté, peut même les transformer en substance plus toxique.

Nous ingérons aussi des substances chimiques lorsque nous respirons la peinture de nos murs, l'air pollué ou les parfums d'ambiance commerciaux et buvons une eau de mauvaise qualité. Notre peau absorbe également celles des cosmétiques à la liste d'ingrédients incompréhensibles : déodorants, savons, shampoings... Les agents antiseptiques chimiques que nous utilisons en masse pour nous laver, nettoyer notre maison, les jouets, l'espace de travail déciment les bactéries de notre flore intestinale, pourtant vitales. Nous pouvons remplacer ces poisons par des versions naturelles exquises (voir p. 158) et en prime, économiser des sous !

Les dangers dissimulés

Un jour, alors que je venais, quelques minutes plus tôt, de dire à mon amoureux que j'avais décidé d'arrêter de parler de ma philosophie concernant les enfants dans les médias vu les débats que celle-ci engendrait, un inconnu m'interpelle dans une salle d'attente : « Je veux que vous sachiez à quel point il est important que vous parliez comme vous le faites au sujet des enfants. Je suis intéressé par vos projets. Vous n'avez pas idée à quel point ils sont significatifs. D'ailleurs, j'aimerais m'impliquer. Je vous offre de rédiger pour vous afin de soutenir vos propos de façon scientifique. Je me présente, Jean-Luc Lavoie*. Comment apprend le cerveau, tel est mon intérêt. » Plus loin dans la conversation, qui m'a retenue bien au-delà de mon rendez-vous – précieuses sont ces coïncidences –, il m'invite à lire un livre et me donne cette piste : certains aliments comprenant des substances douteuses, comme des métaux lourds, pourraient causer des comportements autistes.

La ténacité maternelle a trouvé auteure en la personne de Mme Évelyne Claessens, qui a signé en 2009 *L'autisme n'est pas irréversible*. Ce livre porte sur la différence et sur le défi de parents qui croyaient en leur enfant. « Ne perdons jamais de vue que les parents sont les spécialistes de leur enfant, tandis que les professionnels possèdent la connaissance générale de l'enfance, nuance », dit Jean-Luc Lavoie.

Au cours des dix dernières années, la prévalence de l'autisme a augmenté de plus de 300 %. Les cas, causes et traitements diffèrent d'un enfant à l'autre. Évelyne a guéri son fils de l'autisme et, apparemment, elle n'est pas la seule dans le monde. Enseignante sensible à la détresse humaine, elle pose un regard sur, entre autres, la diète sans gluten ni caséine (protéine trouvée dans le lait), qui aurait soigné plusieurs enfants autistes. En suivant une diète prescrite par un spécialiste, elle a vu des changements spectaculaires et rapides chez son garçon, dès les premiers jours. Déjà, en coupant les produits laitiers, il avait recommencé à parler ; en éliminant les arachides, il avait cessé de se cogner la tête contre les murs. Évelyne croit que certains cas d'autisme peuvent être guéris par un régime sans gluten ni caséine et par une désintoxication des métaux lourds.

Les métaux lourds

Comment les éviter ? Le naturopathe Dany Lévesque** propose bien sûr d'éviter leur source.

---

* *Jean-Luc Lavoie possède un doctorat en psychologie et une formation en psychothérapie. Il a travaillé en pédiatrie au centre de réadaptation Marie Enfant à l'hôpital Sainte-Justine et en bureau privé. Chef de service, psychologue et consultant en neuropsychologie et en réadaptation scolaire, il a aussi implanté le programme d'intégration en milieu scolaire pour les enfants et adolescents présentant une déficience physique du centre Marie Enfant. Il a également travaillé à la clinique d'évaluation des troubles moteurs de l'hôpital Sainte-Justine.*

** *Dany Lévesque est aussi enseignant et formateur, et il suit actuellement la formation Certified Clinical Nutritionist. Il se spécialise dans l'équilibre du taux de sucre et du cholestérol, dans la gestion du poids ainsi que dans le diabète de type 2 et les métaux lourds.*

On les trouve dans les amalgames dentaires gris, les appareils orthodontiques, les teintures à cheveux, les tapis, les peintures, les voitures neuves, etc. Mais on les trouve aussi dans certains fromages, certaines marques de levure chimique, les produits animaliers… Pour ce qui est de l'aluminium, nous en retrouvons aussi dans les aliments lorsqu'on les cuit dans des papillotes de papier d'aluminium ainsi que dans la majorité des antisudorifiques, qui nous polluent à petit feu en allant à l'encontre de notre processus de détoxication par la sueur.

On peut réparer en partie leurs dommages en consommant beaucoup de minéraux alcalins et en espérant que ces derniers prendront la place, dans nos réactions métaboliques, des métaux lourds. Il existe quatre minéraux alcalins : le calcium, le magnésium, le potassium et le sodium, qui peuvent être assimilés grâce à une alimentation riche en légumes verts, noix et graines issus, préférablement, de la culture biologique. Il faut savoir que les métaux lourds passent majoritairement par le gras et les os des animaux : ils reçoivent parfois des traitements médicamenteux qui contiennent des métaux lourds, raison de plus pour manger bio. Les vaches fournissant le lait, quant à elles, peuvent être contaminées par leur nourriture de piètre qualité ou par les médications contenant parfois des métaux lourds, sans parler des OGM.

S'éloigner du gluten, de la viande, du lait ? Mythes et réalité

Je ne suis pas allergique au gluten, mais j'ai remarqué que, depuis que je l'ai éliminé, je n'ai plus de fatigue ni de lourdeur associées aux fins de repas. Ça vaut le coup d'essayer de le supprimer, non ?

Mes trucs : je remplace les pâtes par du quinoa, je choisis mon pain sans gluten ou je le prépare maison. D'ailleurs, si vous avez quelques minutes devant vous, il est très satisfaisant de faire son propre mélange de farine sans gluten (voir p. 63). Rien de plus facile que de préparer des gâteaux avec celle-ci !

Remplacez aussi le sucre raffiné par des sucres naturels : compote, sirop de dattes*, miel, sirop d'érable – acheté à la caisse en saison ! Vous aurez vos desserts santé sans gluten ! La maisonnée se sucre le bec, et j'invite les plus jeunes à se servir à volonté, car je sais qu'ils sont bien nourris. De plus, vous observerez naturellement une diminution de vos rages de sucre au fil du temps.

Si vous souffrez de malaises dus à l'inflammation, le régime hypotoxique vous conseille d'éviter les céréales suivantes : blé, seigle, kamut, orge, avoine, maïs, épeautre. « Les pains et autres aliments fabriqués avec ces céréales sous forme de grains entiers contiennent davantage d'arylamine, une glycotoxine concentrée surtout dans l'enveloppe des grains et qui s'avère toxique à long terme pour beaucoup d'individus en fonction de la génétique et de l'âge[2]. » On les remplace par des grains qui n'entraînent pas de réaction toxique : quinoa, riz, sarrasin, amarante, sésame…

Tous les produits laitiers pasteurisés et produits animaliers sont difficiles à digérer. Il est donc préférable de tenter d'en réduire la consommation au minimum.

---

* On peut le préparer soi-même en faisant tremper quelques heures des dattes dans une eau pure, puis en passant le tout au mélangeur.

2. Jacqueline Lagacé, *Comment j'ai vaincu la douleur et l'inflammation chronique par l'alimentation*, Fides, 2011.

Le lait d'amandes peut facilement remplacer le lait dans les recettes. Vous pouvez même le faire maison! Il suffit de passer au mélangeur 1 tasse d'amandes et 4 tasses d'eau filtrée, puis de passer le tout au tamis. On peut également faire son propre lait de chanvre (voir p. 138).

Si vous êtes amateur de viande, optez pour une viande sauvage, biologique ou élevée avec respect, cuite de façon non toxique, c'est-à-dire à très basse température. La cuisson à haute température entraîne la formation de toxines que notre organisme perçoit comme des agents inflammatoires, cause fort probable de l'association de la viande rouge à l'augmentation du risque de certains cancers. Le corps est alors entièrement occupé à tenter de les combattre. Selon la cuisine hypotoxique, approche qui soigne des dizaines de maladies causées par l'inflammation, la température de cuisson pour la viande doit être inférieure à 230 °F (110 °C).

De plus, combiner la viande aux légumes de couleur vive (feuillus vert foncé, brocoli, carotte, tomate) est gagnant, car certains de leurs composants, les bioflavonoïdes, agiraient comme des protecteurs en empêchant les agents toxiques de la viande d'entrer en contact avec notre ADN ou en facilitant leur évacuation grâce aux fibres.

Évidemment, l'idéal est de consommer des produits animaliers organiques. En effet, de 95 % à 99 % des produits toxiques trouvés dans l'alimentation proviendraient de la viande, des poissons, des produits laitiers et des œufs (voir le livre *Diet for a poisoned planet*, de David Steinman). C'est sans parler des animaux entassés, à engraisser ou à produire des œufs, qui ne voient pas plus la lumière du jour que l'herbe dans le pré... Heureusement qu'il existe des fermes comme dans le temps. Nous payons leurs produits plus cher, mais je préfère en acheter moins et opter pour une bonne nourriture. On ne peut pas mal manger et être en santé. Nous l'avons déjà expliqué, le corps ne reconnaît pas ce qui n'est pas nourriture pour lui. Nous consommons les pesticides compris dans les grains des animaux ainsi que dans les hormones et les antibiotiques qu'on leur donne. Ces substances altèrent le fonctionnement du métabolisme, le ralentissent (tout comme son habileté à se défaire des gras) et ils augmentent l'appétit.

Mais alors, où trouver nos protéines?

Des études, menées notamment par Harvard et The American Dietetic Association, révèlent que les végétariens qui mangent des repas équilibrés (légumineuses, noix, légumes verts, grains entiers, pousses, algues...) n'ont pas de carences. En fait, qui a déjà entendu parler de carence en protéines? Nous n'en avons pas autant besoin qu'on nous le laisse croire! Lorsque nous sommes bébé, que nous grandissons presque à vue d'œil, le lait maternel comble cet apport essentiel au moment où nous en avons le plus besoin. Qui plus est, un apport trop important en protéines animales peut être plus nuisible qu'une carence, car il peut:

- surcharger nos reins et perturber leur bon fonctionnement;
- littéralement attirer le zinc, la vitamine B, le fer, le magnésium et le calcium hors de notre corps, entre autres parce qu'ils augmentent l'acidité de notre pH, ce qui engendre une réaction de défense fort nuisible (voir p. 27);
- causer ostéoporose, problèmes de cœur, obésité, etc.;
- endommager les cellules, les organes (la peau en est un) et nuire à leur bon fonctionnement[3].

3. Gabriel Cousens, MD, *Conscious Eating*, Berkeley, 2000, p. 313.

Les protéines sont vitales, certes, mais elles se retrouvent aussi dans les menus végétariens. Plusieurs athlètes professionnels ne mangent pas de viande! Végétarien ne rime pas avec rachitique non plus, quoiqu'il soit beaucoup plus difficile de prendre du poids lorsqu'on se nourrit bien. Mais je n'entends personne s'en plaindre!

Il est toutefois recommandé, dans le cadre d'une alimentation végétarienne, de consommer de la vitamine B12, qu'on trouve notamment dans la levure alimentaire, excellente dans les vinaigrettes ; la prise de vitamine D en hiver est aussi encouragée.

Deux notes

À propos des gras : de façon générale, on recommande de consommer des gras mono-insaturés et polyinsaturés, comme les huiles vierges d'olive, de canola, de noisette, de carthame, de lin, de noix et de sésame. Évitez de consommer les huiles de maïs et de soya, car elles pourraient provenir de grains OGM. On suggère de limiter les gras saturés contenus dans la viande, les produits laitiers et l'huile de palme. Par contre, depuis quelque temps, on est de moins en moins négatif envers les gras saturés contenus dans l'huile de noix de coco. Cela explique pourquoi, dans les magasins de produits naturels, on n'hésite plus à recommander ce type de gras saturé. Les gras trans sont quant à eux à éviter car ils accroissent les risques de maladies cardiaques. Ils se trouvent en petites quantités et à l'état naturel dans les produits laitiers, le bœuf et l'agneau. Mais ce type de gras est surtout obtenu de façon industrielle par l'hydrogénation de l'huile. Cette méthode consiste à ajouter de l'hydrogène en convertissant ainsi chimiquement les huiles liquides en gras solide ou semi-solide (shortening). Les gras trans permettent de produire des saveurs alléchantes et des textures fondantes. Les pâtisseries, les biscuits et les aliments frits contenant ce type de gras se conservent aussi plus longtemps. C'est en outre un agent de remplissage peu coûteux mais qui présente un risque pour la santé (voir leshuiles.com et le blogue jacquelinelagace.net).

À propos des produits de soya : cette plante peut produire énormément de mucus, pouvant causer des problèmes respiratoires et nuire à la digestion. Si c'est votre cas, il est préférable d'en limiter la consommation.

Et le calcium, le fer, on les prend où ?

Le calcium se trouve entre autres dans les feuilles vertes et les graines de sésame entières. Mais la vraie question à se poser est la suivante : doit-on en ingérer autant qu'on le suggère ? Déjà, il y a dix-sept ans, une étude[4] démontrait que les hommes dans les pays qui en consommaient le moins souffraient deux fois moins de fractures qu'en Amérique du Nord... difficile de s'y retrouver ! Aujourd'hui, selon le *Journal of the American Medical Association*, un trop grand apport en calcium est toujours controversé. Un lien se dessine entre ce dernier et les maladies cardiaques[5].

Les végétariens démontrent par ailleurs une absorption de fer égale à celle des carnivores. La vitamine C comprise dans leur alimentation, trouvée entre autres dans les lentilles, les légumineuses, les épinards et la bette à carde, en augmente l'assimilation.

Apparemment, si, encore une fois, au lieu de se fier aux informations données sur les emballages des aliments, on optimisait les mécanismes et le fonctionnement du corps ainsi que l'absorption de nutriments variés par celui-ci, il n'y aurait guère à craindre...

En variant légumes, noix, graines et pousses, nous aurions donc tout ce dont nous avons besoin !

4. W. Owusu et coll., « Calcium Intake and the Incidence of Forearm and Hip Fractures among Men », *The Journal of Nutrition*, vol. 127, n° 9, septembre 1997, p. 1782-1787.

5. Bridget M. Kuehn, M.S.J., « High Calcium Intake Linked to Heart Disease, Death », *The Journal of the American Medical Association*, vol. 309, n° 10, mars 2013, p. 972.

Les intolérances et allergies

Êtes-vous intolérant ou allergique sans le savoir ?

Certains aliments ont à ce point été transformés ou modifiés génétiquement par l'homme qu'il lui est devenu impossible de bien les assimiler ; c'est comme si le corps ne les reconnaissait plus.

Il est toutefois important de ne pas confondre allergie et intolérance : en gros, la première affecte le système immunitaire, la seconde le système digestif.

Si vous souffrez de problèmes de digestion, savez-vous que le gluten peut en être responsable ? Tout comme le soya peut entraîner des ballonnements et des gaz. Si vous souffrez de maux incompréhensibles, vous abstenir durant quelques jours de consommer certains aliments pourrait vous soulager.

Vous trouverez à droite certains malaises associés à des intolérances ou allergies, selon la nutritionniste et auteure Julie Daniluk[6].

Ainsi, une amie souffrant pour la première fois de sinusites intenses accompagnées d'infections

6. Adapté de Julie Daniluk, R.H.N., *Meals That Heal Inflammation : Embrace Healthy Living and Eliminate Pain, One Meal at a Time*, Random House Canada, 2011, p. 46.

MALAISES	INTOLÉRANCES OU ALLERGIES
Maux de tête	Café
Ballonnements et gaz	Soya
Constipation et diarrhée	Gluten
Arthrite	Blé
Eczéma	Colorants alimentaires
Démangeaisons cutanées	Glutamate de sodium (MSG)
Démangeaisons aux yeux, au nez	Porc
Asthme	Sulfites
Bronchite chronique	Arachides
Infections pulmonaires, sinusites	Produits laitiers

« J'avais des crises d'asthme jusqu'à ce que je passe un test d'allergie. Résultat : allergie aux produits laitiers et intolérances au gluten et au fructose, causant le syndrome du côlon irritable. Les médecins devraient faire passer des tests d'allergies avant de poser un diagnostic et de prescrire des médicaments. Bien des maux nous seraient évités ! »

« J'ai su que j'avais une intolérance à un agent de conservation : le benzoate de sodium. Mes symptômes : des brûlements d'estomac violents durant deux ou trois jours (pliée en deux de douleur), reflux gastrique, crampes au ventre et difficulté à digérer pendant une semaine, au minimum. Ça m'a pris du temps avant de comprendre que c'était le benzoate. »

« Mon mari a cessé d'avoir des douleurs musculaires et des problèmes respiratoires six jours après l'arrêt des produits laitiers. »

« Lorsque je consomme trop de sucre et que je manque d'eau, j'ai les jambes nerveuses : lorsque je suis couchée, c'est comme si mes jambes bougeaient seules, comme si elles avaient des contractions nerveuses. »

aux oreilles et aux poumons a reçu un diagnostic d'intolérance aux produits laitiers.

L'aspartame, que l'on trouve par exemple dans les boissons hypocaloriques, peut causer de son côté des symptômes importants tels que maux de tête et migraines, fatigue, insomnie, nausées, malaises abdominaux, asthme, spasmes musculaires, irritabilité, etc.

Les colorants alimentaires, qui sont pour la plupart des sous-produits pétroliers, sont aussi des allergènes qui surexcitent le système nerveux.

En conclusion, il est fort possible que les recettes détox puissent agir comme solution de contrôle des maux courants liés à l'inflammation du corps.

L'assiette renversante

par Anne-Marie Roy

On croyait qu'il était impossible de renverser les problèmes cardiaques, l'arthrite ou le diabète de type 2 sans chirurgie ou médicament ; on sait maintenant que la fourchette est plus efficace que le scalpel ou la pilule. Il existe présentement suffisamment de preuves scientifiques qui démontrent les effets bénéfiques d'une alimentation centrée sur les végétaux, que ce soit par prévention ou même parfois pour traiter certains troubles de santé. Les politiques de santé publique doivent encourager une alimentation à base de plantes ; on n'a pas à attendre d'autres études, il faut agir immédiatement. Voici des études et des scientifiques qui ont influencé ma façon de voir l'alimentation.

Renverser les maladies cardiaques

Le Dr Dean Ornish, réputé cardiologue aux États-Unis, a réalisé en 1990 une étude publiée dans la prestigieuse revue scientifique *The Lancet*. Le Dr Ornish a prouvé qu'avec une alimentation végétarienne faible en gras et de bonnes habitudes de vie on pouvait non seulement ralentir ou arrêter la progression des maladies cardiaques, mais également renverser la maladie,

rouvrir les vaisseaux sanguins. En 1999, le Dr Caldwell Esselstyn publiait lui aussi une étude menée pendant douze ans, prouvant qu'avec une alimentation végétalienne faible en gras on pouvait renverser l'athérosclérose.

Nous savons comment prévenir, arrêter et même renverser les maladies cardiaques. Mais à cause des pressions de l'industrie et du scepticisme de certains professionnels de la santé, le message ne parvient pas aux oreilles du public ; de nombreux scientifiques commencent à dire que cette situation est une violation de l'impératif moral. Il faut maintenant avoir le courage de faire un travail légendaire : la science, et non l'industrie, doit dicter les recommandations alimentaires. Le Dr Collin Campbell a fait des découvertes révolutionnaires en étudiant l'alimentation de près de 100 000 personnes, en Chine ; ses résultats sont expliqués dans son livre intitulé *The China Study*. On y apprend qu'une alimentation centrée sur les végétaux peut nous protéger de nombreuses maladies. Il révèle entre autres que dans la province de Guizhou, en Chine, on n'a rapporté aucune mort causée par une maladie cardiaque sur une population de 246 000 hommes, et ce, pendant trois ans. Si on avait fait ces observations en Amérique du Nord, on aurait compté des milliers de morts.

Toutes ces études démontrent que de nombreux cas de maladies cardiaques n'ont assurément rien de naturel.

Renverser le diabète de type 2

L'alimentation est la pierre angulaire pour contrôler et même renverser le diabète de type 2. Les recommandations diététiques actuelles exigent de limiter les portions et la quantité totale de glucides. Cependant, une approche alimentaire différente et plus facile à suivre pourrait être plus efficace.

Une étude publiée en août 2006 dans *Diabetes Care* a montré qu'un régime végétalien pauvre en gras est trois fois plus efficace pour contrôler la glycémie que le régime standard pour diabétiques. L'étude a été menée par des médecins, des nutritionnistes, le PCRM (Physicians Committee for Responsible Medicine), l'Université George Washington et l'Université de Toronto.

Brenda Davis, une nutritionniste de grande renommée, a aussi obtenu des résultats impressionnants avec une alimentation quasi végétarienne lors d'un projet sur le diabète de type 2 à Majuro, aux Îles Marshall, endroit sur la planète qui atteint des records de prévalence du diabète : 90 % de sa population est diabétique ou prédiabétique.

Manger mieux, vivre vieux

Selon des études, l'humain pourrait avoir une influence sur son vieillissement grâce à son alimentation et à son style de vie. Si on veut augmenter la longévité et réduire les maladies dégénératives associées à l'âge, on a tout avantage à faire de l'exercice physique et à avoir une alimentation saine, frugale et riche en antioxydants en général, et en substances protectrices : resvératrol, sélénium, zinc, flavonoïdes, acides gras oméga 3, vitamines E et C, catéchines... L'obésité, les excès de sucre raffiné, de mauvais gras, de tabac et d'alcool combinés à une carence en vitamines, minéraux et oligoéléments sont à éviter quand on veut avoir une belle et longue vie.

Plusieurs aliments aident à réduire ou à retarder les troubles liés à l'âge puisqu'ils contiennent des antioxydants, des substances phytoprotectrices et anti-inflammatoires dont les flavonoïdes, les anthocyanines, la quercétine, le resvératrol, etc. En voici quelques-uns : les baies (bleuets, framboises, fraises, cerises...), les crucifères, les noix de Grenoble, les pacanes, les raisins, le curcuma, la cannelle, le thé vert, le gingembre, la pomme, l'ail et les oignons, la tomate...

Penser à son cerveau

Tous redoutent les maladies liées au cerveau. Selon le *National Vital Statistics Reports*, la prévalence des maladies mortelles (maladies cardiaques, cancers, AVC) est assez stable ou en légère baisse depuis quelques années. Cependant, une maladie progresse à un rythme effarant : l'Alzheimer. Elle est maintenant la sixième cause de mortalité aux États-Unis alors qu'en 1980 elle était loin derrière.

Le nombre de personnes atteintes de démence, de dépression, d'anxiété et de troubles de l'humeur est aussi en forte hausse. La bonne nouvelle est que notre alimentation peut être utile pour aider notre cerveau. Une alimentation centrée sur les végétaux, donc faible en gras saturés et en cholestérol, et riche en fruits et légumes, permet de réduire la formation d'athérosclérose et de garder un bon flot de sang au cerveau. Il faut tout de même s'assurer d'avoir de la vitamine B12 (par des aliments enrichis ou des suppléments), des acides gras oméga 3 (graines de lin, chanvre, chia, noix de Grenoble ou supplément de DHA/EPA végétal) et amplement de folates (asperges, légumes verts feuillus comme les épinards, le brocoli et les autres choux, les légumineuses...).

Aliments inflammatoires : attention !

On sait que l'inflammation au cerveau peut avoir des effets directs sur la fonction cérébrale ; elle peut favoriser, notamment, la démence et la dépression. L'inflammation est aussi responsable de plusieurs autres problèmes de santé dont les troubles cardiovasculaires et l'arthrite. Une cause importante de l'inflammation est la consommation d'un acide gras appelé acide arachidonique. Seuls les produits animaux contiennent cet acide gras ; les végétaux en sont dépourvus. Des études récentes ont démontré que les gens qui mangent moins de produits animaux ont moins de problèmes d'anxiété, de dépression et de sautes d'humeur.

Une clinique renversante à Montréal

Une clinique de diabète existe maintenant à Montréal. On veut y démontrer que par une alimentation centrée sur les végétaux on arrive souvent à renverser le diabète de type 2 et les conditions qui y sont associées : obésité, hypertension, hypercholestérolémie... Ce programme de douze semaines est dirigé par une équipe composée entre autres d'une nutritionniste, d'une infirmière et de professeurs de cuisine. Le suivi en petits groupes se fait une fois par semaine et inclut des séances qui permettent de vraiment comprendre des principes renversants sur la nutrition. Le cheminement propose des cours de cuisine, des démonstrations culinaires, une visite à l'épicerie, tout ce qu'il faut pour retrouver la santé et le poids idéal, et ce, sans souffrir de la faim et en cultivant le plaisir de manger sainement. Ça vous intéresse ? Pour avoir davantage d'information, consultez le site : cliniquerenversante.com.

Les solutions de rechange succulentes et sexy !

Quelques substitutions gagnantes

Véronique, l'institutrice de mon fils des cinq dernières années (eh oui, quelle chance !), a non seulement la vocation d'enseigner (elle tient à son métier et à ses élèves comme à la prunelle de ses yeux), mais elle est ouverte, patiente, créative, généreuse, aimante, calme, passionnée, douée... On la voit, le matin, se rendant à l'école en patins à roues alignées avec quelques élèves. Mon fils me dit souvent qu'ils ont cuisiné en classe, mais avec de « bons et vrais ingrédients », remplaçant les aliments dénaturés par des solutions santé. L'influence de Véronique se fait aussi sentir dans les autres classes puisque, ses dimanches, elle les dédie à la cuisine de lunchs végé et crus pour ses confrères !

« Si tu savais comme la santé et toutes les façons d'arriver à un bel équilibre de vie me préoccupent et me passionnent ! Bien simplement, j'invite les gens autour de moi à bien se nourrir, à offrir à leur âme, esprit et corps une alimentation saine. J'adore manger et cuisiner, et j'aime pouvoir partager cela avec les autres.

J'ai fait découvrir aux autres enseignantes de l'école les bienfaits de la cuisine crue, végétalienne et végétarienne en leur préparant des plats lorsque j'en avais le temps. Je partage toujours avec elles mes trouvailles... »

Voici quelques-unes des substitutions que Véronique utilise pour concocter ses desserts et que j'applique moi aussi.

INGRÉDIENTS	SUBSTITUTIONS
Œuf	Graines de chia (1 c. à soupe dans ¼ tasse d'eau remplace 1 œuf) ; Véro utilise aussi du tofu soyeux bio
Beurre	Huile de coco ; Véro utilise aussi du tofu soyeux bio
Sucre blanc	Sirop d'érable, miel, compote de fruits (si on utilise du sucre, on privilégie le sucre de canne ou de coco)
Huile	Huile de noix de coco (nutritive, non raffinée et supporte bien la cuisson)
Farine blanche	Véro : farine de kamut mélangée avec farine de seigle, de sarrasin et de millet ; Jacynthe : farine sans gluten (voir p. 63)
Lait	Lait d'amandes, lait de chanvre (voir p. 138)
Pépites de chocolat	Pépites de caroube
Fromage à la crème	Fromage végétalien
Crème	Crème à base de noix de cajou crues, trempées, puis passées au mélangeur
Crème glacée	Beurre de noix de cajou ou graines de tournesol en crème, glacés

AIDE-MÉMOIRE

ÉVITER	PRIVILÉGIER
Viande	Légumineuses, lentilles, pousses (de belles chaînes d'acides aminés immédiatement reconnues et digérées par notre corps) ou viande sauvage naturelle en petite quantité
Produits laitiers	Lait végétal, fromage de noix
Sucre raffiné	Sirop d'érable, stévia (plante trente fois plus sucrée que le sucre et qui aide à équilibrer le taux de sucre dans le sang), miel
Gluten	Farine entière sans gluten, riz, sarrasin, sésame, quinoa
Aliments transformés	Fruits, légumes, graines, noix
Boissons vitaminées, énergétiques, hypo-caloriques ou gazeuses	Eau (agrémentée de citron ou d'orange, de bleuets congelés, de miel et de menthe...), eau de coco (ses électrolytes en font une excellente boisson pour bien hydrater les sportifs)
Aspartame, agents colorants, agents de conservation	Ingrédients de source naturelle, vrais !
Huiles raffinées	Huiles vierges crues (lin, chanvre, sésame, olive, noix, noix de coco...)

Une épicerie qui vous guérit : que le plaisir commence !

Manger de la vraie nourriture et perdre du poids, oui, mais surtout améliorer sa santé et son bien-être, voilà l'objectif ! Et ce n'est pas difficile. C'est excitant. Ce n'est qu'une question de choix ! Vous l'avez compris, tout ce qui est acheté tout fait, ou transformé (farine blanche, sucre blanc, huiles hydrogénées...) n'est pas un vrai aliment qui nourrit adéquatement le corps... et l'esprit !

Cette façon de cuisiner est satisfaisante et accessible. L'apprentissage est excitant, un point de départ palpitant ! Je tenterai de vous simplifier l'aventure au fil de ces pages. Naturellement, vous réaliserez que cette nouvelle vie, une fois mise en perspective, est simple !

Salades, plats qui se gardent toute la semaine et qui se préparent en dix minutes, biscuits santé, le tout cuisiné avec les enfants ou notre amoureux... Il s'agit de remplacer le faux par du vrai. Et c'est si facile aujourd'hui : partout on trouve de bonnes farines entières (quinoa – pour laquelle j'ai un penchant certain –, riz, sarrasin, épeautre...) et non transformées, ainsi que des pâtes aussi merveilleuses.

Notez que si le sucre est remplacé par du sirop d'érable, du miel (cru !) ou une autre belle option, je ne dis pas pour autant qu'on peut s'en gaver ! Mais nous n'en sommes pas privés. Après, c'est comme dans tout, il ne faut pas abuser. De toute façon, le vrai satisfait, au contraire des produits vidés de tout. La qualité gagne sur la quantité.

À l'épicerie, laissez de côté les étiquettes que vous ne comprenez pas : votre système digestif ne comprendra pas plus ! Voici quelques pistes

BOIRE DE L'EAU VIVANTE

Nous sommes faits de 70 % d'eau (notre cerveau, 80 %), et nous devons la renouveler d'eau propre (imaginez-vous prendre votre bain tous les jours dans la même eau...). Les cellules ont besoin de fluides pour communiquer. L'eau apporte les nutriments et débarrasse des déchets. Elle est aussi l'élément principal de la lymphe et du sang. Il est préférable de favoriser une eau pure en mouvement, « vivante », plutôt qu'une eau stagnante, « morte ». Bannissez les bouteilles de plastique, il n'y a que du mauvais à en dire ! Les eaux des végétaux, légumes et fruits sont exquises, remplies de nutriments essentiels.

pour vous orienter quant aux aliments à privilégier dans votre garde-manger, votre frigo et sur votre table.

Pour votre garde-manger

- Quinoa (ancien grain fabuleux, contenant 20 % de protéines, de fer, de potassium et de vitamine B), riz entier sauvage

- Pâtes de quinoa

- Noix et graines crues : noix de cajou, de Grenoble, pacanes, amandes, graines de tournesol, de citrouille, de sésame entières (100 g représentent 90 % de la valeur quotidienne en calcium recommandée)

- Chanvre, lin, maca et protéines de chanvre, de riz (n'importe quel aliment est meilleur dans sa forme entière, mais si vous avez besoin d'un surplus de protéines, elles sont fort utiles !)

- Graines de sarrasin germées déshydratées, au bon goût de noisette, mais surtout très nutritives, riches en vitamines, minéraux et protéines, aux propriétés antioxydantes, sans gluten et plus encore !

- Caroube

- Algues nori ou autres, mais j'adore celles-ci que je déchiquette sur mes plats : en plus d'être délicieuses, elles sont carrément magiques (voir p. 46)

- Légumineuses et lentilles

- Huile de coco (s'achète en beurre qui se liquéfie une fois réchauffé)

- Sirop d'érable, miel

- Levure alimentaire

- Chia blanc (nourriture des Aztèques, plante aux graines très nutritives qui remplacent les œufs dans les mélanges, contenant des antioxydants, des protéines, des omégas 3, du magnésium, du calcium, du potassium, du fer, et dont les fibres qui gonflent aident à la satiété)

Pour votre centre de table

- Bananes

- Avocats

- Gingembre frais (aide la digestion, soulage les brûlures d'estomac, a des propriétés anti-inflammatoires)

Pour votre frigo

- Fruits (pommes, poires)

- Agrumes (citrons)

- Légumes (kale, kale, kale ! et les autres membres de son équipe championne de feuillus verts)

- Laits végétaux d'amandes, de chanvre (voir p. 138) ou autres, faits maison ou du commerce

- Pousses germées (maison, idéalement)

- Certaines noix, dont celles de macadamia

- Farines sans agent de conservation, donc à garder au froid une fois mélangées ou ouvertes

- Huiles de lin, de chanvre (verte)

Des aliments puissants, magiques, nos alliés

«Que la nourriture soit votre médecine.»

— Hippocrate, 460-377 av. J.-C.

Certains aliments aident à réduire l'inflammation et renforcent particulièrement le système immunitaire. Les feuilles vert foncé absorbent tellement de soleil que leur consommation nous enrichit de vitamines, d'antioxydants et d'une foule de minéraux essentiels : calcium, fer, potassium, magnésium. La chlorophylle, oxygène et lumière liquide, soigne et purifie le sang, aide les cellules à transporter de l'oxygène, renforce le système immunitaire, aide à la bonne circulation et possède des propriétés anti-inflammatoires. Voici quelques autres aliments aux vertus puissantes.

Jus d'herbe de blé	Puissant tonique santé, il «augmente le nombre de globules rouges, diminue la pression sanguine, nettoie le sang et les organes des débris, stimule le métabolisme; l'abondance de ses minéraux alcalins réduit l'acidité; ses enzymes et acides aminés peuvent protéger des agents cancérigènes[7]».
Miso	Pâte fermentée à partir d'une bactérie et souvent d'une légumineuse, elle est puissante lorsque utilisée en soupe, car elle offre des enzymes vivants bons pour la digestion, la flore intestinale, le système immunitaire et la longévité selon les Japonais! Une soupe miso par jour, facile à faire à la maison (voir p. 93), procure de belles protéines, des vitamines et des minéraux, et aide à équilibrer notre pH.
Algues	Elles regorgent de minéraux, de protéines bienfaitrices, sont alcalinisantes, anti-inflammatoires et purifient le sang; des chercheurs de l'université McGill ont démontré qu'un composant des algues wakamé et kombu inhibe les tumeurs et élimine des substances radioactives du corps.
Chlorelle	Algue qui contient le plus de chlorophylle, elle est une nourriture et une protéine complètes, car elle possède dix-neuf acides aminés, aide à la détox (1 c. à thé par jour) et réduit le stress auquel le corps est soumis.

7. Ann Wigmore, *The Wheatgrass Book*, Avery Trade, 1985.

Levure alimentaire	Levure non active, elle est une protéine complète, riche en vitamine B (12 surtout), et elle donne un goût de fromage!
Maca	Une racine dont se sont nourris les Incas; 1 c. à thé par jour aide le corps à s'adapter au stress et à construire de la sérotonine, et contrecarre donc les rages de sucre.
Kimchi	Si vous aimez les mets relevés, découpez ce chou fermenté sur vos plats et gâtez vos cellules en vitamine B et en bonnes bactéries.
Haricot mungo	Hypoallergène, il est nourrissant et aide à stabiliser le taux de sucre dans le sang. Il possède des propriétés anti-inflammatoires et anticarcinogènes, en plus d'être riche en vitamines A, B, C, D, E et K, en acide folique, en potassium, en magnésium et en zinc. Il peut contribuer à réduire le taux de cholestérol grâce aux fibres qu'il contient.
Gingembre	Possédant des propriétés anti-inflammatoires, il est excellent pour dégager les sinus et combattre les infections de la gorge. Il permet de soulager la nausée et de réduire les crampes et les gaz intestinaux. Il stimule également la digestion et facilite l'absorption et l'assimilation des nutriments.
Curcuma	Anti-inflammatoire et antioxydant, il soutient le fonctionnement des articulations, du foie et du système sanguin. Il protège les systèmes immunitaire et digestif, en plus de favoriser la santé de la peau.
Lait de coco	Riche en acides gras à chaîne moyenne, il est bénéfique pour la peau et les cheveux. Il possède des propriétés antibactériennes et permet de soutenir les systèmes immunitaire et cardiovasculaire, en plus de contribuer à l'efficacité du métabolisme et au maintien d'un poids santé.

♡ ♡ ♡
Mes bébés
cerisiers !

Manger frais, local, de sa cour

« Rien ne pourra être plus bénéfique à la santé humaine ni accroître les chances de survie de la vie sur la Terre qu'une évolution vers un régime végétarien. »
— Albert Einstein

La permaculture, le meilleur de l'agriculture

Il y a des années, je suis tombée sur une émission traitant de la permaculture, une forme d'agriculture permanente, telle la création naturelle d'un jardin nourricier dans lequel chaque espèce vivante a une fonction et contribue à l'ensemble. J'ai voulu immédiatement reproduire un environnement si paradisiaque pour y vivre et épouser une certaine autonomie alimentaire.

J'espérais rencontrer quelqu'un qui m'enseignerait, concrètement et par l'expérience, les principes de l'agriculture permanente où se jumellent plantes, arbustes, vignes, racines et arbres de façon intelligente, de sorte que les déchets des uns deviennent la nourriture des autres et que chaque être vivant collabore à la constitution harmonieuse d'un éden fruitier.

Et voilà que, lors de mes recherches, j'entends parler de la Pépinière Ancestrale. Ses propriétaires, Marianne et Nicolas, y font pousser des arbres fruitiers rustiques, résistants aux maladies, sans pesticides ni arrosage chimique. Un art transmis de père en fils. J'ai pris contact avec eux immédiatement !

Déjà, un permaculteur naturel était venu chez moi pour mesurer l'ampleur de mon rêve et vérifier que mon désir était bien de recréer une forêt nourricière et non des rangs de monoculture agricole unidimensionnelle... Lorsqu'il est arrivé, il a regardé autour de lui les dizaines d'arbres qui vivent sur mon terrain et s'est exclamé : « C'est un désert de nourriture ici ! » Phrase marquante pour moi. « Rien ne te nourrit ! Que se passerait-il si les épiceries fermaient ? » Et, plus loin dans notre discussion : « Pourquoi planter des peupliers ? Ce sont des arbres qui ne servent à rien, ils poussent vite... reflet de notre société : on veut de la vitesse, de la performance. À partir de maintenant, ne plante que des arbres, buissons, racines qui te nourriront. »

Même coup de foudre pour l'ensemble des apprentissages que me partagent mes nouveaux professeurs ! Je prends des notes pour nourrir mon esprit et mon cœur, mais surtout nous dessinons les plans de ce que nous allons réaliser au fil des années, suivant la nature, notre vie, les désirs des grands et petits visionnaires : vignoble de raisins comestibles, coin des arbustes aux dizaines de variétés (cerises, bleuets, framboises de toutes les couleurs...), verger aussi varié, haie de gadelles, cassis, rosiers (qui fleurissent du printemps à la gelée pour les abeilles), couvre-sol de thé des bois, camerisiers, bleuets nains, forêt fruitière naine magique pour les plus petits où la mousse attend les personnages de bois miniatures pour jouer. Quelques animaux familiers animent les sentiers et fournissent le fumier de l'immense jardin. Le potager est en mandala et rempli autant de plantes et de légumes vivaces que d'herbes médicinales ! Les brise-vent sont des noisetiers et des cerisiers, la clôture sert de support à la plantation de vignes de kiwis.

Nous créons de manière concrète une oasis enchanteresse, où chaque arbre de la forêt de quelques acres a une fonction et où les plantations résistent, durent, nourrissent. J'avais eu par le passé une vision d'un jardin d'Éden grâce auquel nous vivrions de façon épanouie et autonome. Nous pourrions manger directement les noix et les fruits des arbres. Nous y serions en harmonie, prenant le temps de vivre, de respirer, de regarder les oiseaux, de rire. J'imaginais ce jardin au Maroc. Eh bien, il est ici !

Préparer son jardin fruitier

D'abord, tout repose sur le choix du cultivar. Il est primordial de connaître la zone où nous vivons ainsi que les types d'arbres rustiques qui y poussent sans danger. Je vous invite à contacter les gens de la Pépinière Ancestrale : ils pourront répondre à vos questions et vous épargner des soucis, car le bon choix permet une culture forte, en santé (sans pesticides).

Plantez idéalement les arbres (de même que les arbustes, buissons, vignes) à fruits d'avril à la mi-mai. Gardez les 4 pouces du dessus de la terre du trou : elle est très riche. En la retournant pour la mettre au niveau des racines, elle offrira une bonne nourriture à celles-ci tout en favorisant la présence de micro-organismes essentiels.

Les erreurs fréquentes

Si l'arbre est greffé (c'est souvent le cas), il ne faut pas enterrer le point de la greffe si vous désirez garder son pouvoir nanifiant ou semi-nanifiant. Par exemple, si vous avez acheté un pommier nain (8 pieds à maturité) et que vous enterrez son point de greffe, il pourrait s'affranchir (faire un second système racinaire) et devenir très grand à maturité (20 pieds !). On gardera donc le point de greffe au-dessus du sol afin que l'arbre reste nain.

À partir du 1er juin, il ne faut plus mettre de compost pour ne pas nuire à l'aoûtement, une étape cruciale se déroulant au mois d'août durant laquelle le plant se prépare à l'hiver en renforçant sa carapace (durcissement de ses nouvelles pousses pour résister au froid). Si l'arbre est encore en croissance car trop fertilisé (planté directement dans le compost) ou fertilisé trop tard en saison, il n'aura pas le temps de se préparer et risquera de geler durant l'hiver.

L'année de la plantation, il ne faut jamais laisser les plants produire des fruits, car ils mettront alors toute leur énergie à rendre à terme leurs fruits alors qu'ils devraient renforcer leur système racinaire. Si on laisse les fruits sur le plant la première année, le plant pourrait s'épuiser et faire peu ou pas de racines, ce qui pourrait le rendre moins tolérant à la sécheresse et retarder sa croissance.

REMÈDES MAISON À BASE DE MIEL

Sirop de navet	Le sirop de navet adoucit la gorge et calme la toux. Il suffit de couper le navet en deux, d'y faire un puits et d'y verser du miel. Laisser reposer le tout durant une nuit, puis prendre le miel au matin.
Nectar pour les maux de gorge	Verser du thé dans un pot Mason avec des tranches de citron, du miel et du gingembre râpé. Laisser le mélange au réfrigérateur ; il se garde deux à trois mois. Une gelée se formera. Au besoin, mélanger une cuillerée dans une tasse d'eau chaude.
Boisson chaude au jus de gingembre, citron, miel et pollen d'abeille	Lorsque mon entourage est affecté par un vilain virus, je fais du jus de gingembre avec mon extracteur à jus, tout simplement en pressant directement les racines (on peut aussi l'acheter). Je mets l'équivalent d'une racine de 1 po (3 cm) au fond de ma tasse, le jus de 1 citron, 1 cuillère de miel et une autre de pollen d'abeille, redoutable pour stimuler le système immunitaire, puis j'y verse de l'eau chaude. Ce tonique piquant dont j'aime le goût m'a épargné bien des maux.

Les possibilités de cultiver ses propres arbres et arbustes fruitiers, en ville comme à la campagne, sont infinies. Soyez créatif dans cette aventure ! Plusieurs espaces insoupçonnés ont le potentiel de se transformer en oasis. Sur un balcon, un toit plat, une terrasse, un lampadaire, presque tous les fruits peuvent être cultivés : fraises, framboises, groseilles, gadelles, cassis, kiwis, pommes naines, pêches, abricots, cerises, camerises, bleuets, raisins, etc.

Un petit mot sur les abeilles

Nous savons qu'elles sont en danger d'extinction. Elles sont pourtant un élément crucial de notre chaîne alimentaire. Si elles disparaissent, nous suivrons. J'ai installé mes ruches, et ce sont les abeilles qui contribuent à la santé et la prolifération de mes arbres fruitiers, en plus de me procurer un miel exquis ! Une ruche peut aussi s'installer sur un toit urbain. Les bénéfices, là aussi, sont nombreux.

RECETTES

VIVE
le déjeuner

Muffins aux bananes sans gluten

Les crêpes aériennes sans gluten de La Station Organique

Cretons santé

Mon jus vert quotidien

Farine sans gluten

Le pain sans gluten de Jacqueline Lagacé

MUFFINS AUX BANANES SANS GLUTEN

12 muffins

⅓ tasse d'huile de coco, et un peu pour le moule

1 ¾ tasse de farine sans gluten (voir p. 63)

3 c. à thé de poudre à pâte sans gluten ni aluminium

¼ c. à thé de bicarbonate de soude sans aluminium

1 pincée de sel ou Herbamare

½ tasse de sirop d'érable ou de sucre

2 œufs ou ¼ tasse de graines de chia moulues*

Eau filtrée

3 bananes, écrasées

Filet de jus de citron

Pépites de caroube, au goût

1   Graisser un moule à muffins (ou un moule à pain) avec de l'huile de coco.

2   Préchauffer le four à 350 °F (175 °C) et y mettre tout de suite l'huile de coco pour la faire fondre.

3   Pour une version sans œufs, verser les graines de chia dans une tasse et y ajouter de l'eau filtrée pour faire un peu plus de ⅓ tasse au total. Le temps de préparer les autres ingrédients, le chia aura pris une texture gélatineuse.

4   Dans un bol, mélanger la farine, la poudre à pâte, le bicarbonate de soude et le sel.

5   Dans un plus petit bol, mélanger l'huile de coco fondue, le sirop d'érable et les œufs ou la préparation de graines de chia.

6   Incorporer les bananes écrasées et y ajouter un filet de jus de citron. Incorporer aux ingrédients secs.

7   Bien mélanger. Ajouter les pépites de caroube.

8   Cuire 30 min (ou environ 1 h pour un pain).

＊ *Le riz aussi doit être rincé! Le saviez-vous? Il sera non seulement propre, mais meilleur!*

LES CRÊPES AÉRIENNES SANS GLUTEN DE LA STATION ORGANIQUE

12 petites crêpes

¾ tasse de quinoa blanc, rincé

1 tasse de riz brun, rincé*

1 ¾ tasse d'eau filtrée

2 c. à soupe de vinaigre de cidre de pomme non pasteurisé

Grains d'un petit épi de maïs, non cuit

½ banane

¾ c. à thé de sel rose

1 c. à thé d'extrait de vanille biologique

2 c. à thé de poudre à pâte sans gluten ni aluminium

½ c. à thé de bicarbonate de soude sans aluminium

1 c. à thé d'huile de coco

1 Mettre les 5 premiers ingrédients dans un bol de pyrex et laisser sur le comptoir toute la nuit (si on laisse un ingrédient fermenté – vinaigre de cidre, kombucha, kimchi, kéfir... – dans un bol de plastique, les bonnes bactéries le « grugent », laissant de microscopiques particules de plastique dans le mélange).

2 Au matin, passer au mélangeur et ajouter la demi-banane, le sel, la vanille, la poudre à pâte et le bicarbonate de soude.

3 Faire fondre 1 c. à thé d'huile de coco dans la poêle et faire cuire les crêpes à feu doux pour éviter qu'elles collent.

CRETONS SANTÉ

3 c. à soupe d'huile d'olive

1 oignon jaune moyen, haché finement

3 gousses d'ail, hachées finement

3 tasses de lentilles rouges, cuites

½ à 1 c. à thé de cumin moulu

2 c. à thé de sauce soya sans gluten

Sel, au goût

1 Chauffer l'huile d'olive dans une poêle en fonte.

2 Faire tomber l'oignon environ 2 à 3 min. Attention qu'il ne brunisse pas.

3 Ajouter l'ail et cuire environ 1 min.

4 Ajouter les lentilles et le cumin, bien mélanger. Cuire en laissant sécher le mélange dans la poêle et coller un brin avant d'ajouter un peu de sauce soya, et ainsi de suite jusqu'à l'obtention de la consistance voulue. Rectifier l'assaisonnement. Le produit final doit être assez sec et se tenir, avec des morceaux de lentilles intacts et une partie écrasée. Ajouter un filet d'eau au besoin.

MON JUS VERT QUOTIDIEN

3 tasses

4 ou 5 feuilles de kale

3 ou 4 branches de céleri ou 1 laitue romaine

1 citron ou 1 pamplemousse avec la pelure

3 pommes ou poires

2 po (5 cm) de gingembre

3 branches de brocoli (facultatif)

Passer tous les ingrédients dans l'extracteur à jus. Si vous n'avez pas d'extracteur, vous pouvez simplement mélanger de la poudre de chlorelle à un jus ou smoothie, ou encore préparer un smoothie vert (voir p. 69).

FARINE SANS GLUTEN

Vous pouvez changer la composition selon
ce qui vous tombe sous la main (farine
d'amarante, de sarrasin...) ou ajouter graines
de sésame ou de lin moulues, poudre de maca
(en petite dose car c'est amer !), etc.

2 tasses de farine de riz

2 tasses de farine de quinoa

1 tasse d'amandes moulues

Mélanger tous les ingrédients.
Conserver dans un bocal en verre au réfrigérateur.

♡ ♡ ♡
Ma farine
(voir p. 63)

LE PAIN SANS GLUTEN DE JACQUELINE LAGACÉ

1 ½ tasse d'eau chaude, mais pas bouillante

1 c. à soupe de miel

1 c. à soupe de levure alimentaire

1 ½ c. à thé de sel

3 c. à soupe de graines de lin moulues

1 c. à soupe de gomme de guar
ou de xanthane

1 ½ tasse de fécule de tapioca

1 ½ tasse de farine de riz brun

1 c. à soupe de poudre à pâte sans gluten
ni aluminium

2 c. à soupe d'huile d'olive

1 ½ c. à thé de vinaigre de riz

2 œufs bio ou 4 c. à soupe de compote
de pommes non sucrée

1 Dans ¼ tasse d'eau chaude, dissoudre le miel et la levure. Laisser reposer 10 min.

2 Mélanger les ingrédients secs.

3 Battre l'huile d'olive, le vinaigre de riz, 1 ¼ tasse d'eau chaude et les œufs ou la compote. Incorporer la levure avec le miel et mélanger aux ingrédients secs.

4 Verser dans un moule à pain huilé. Déposer le pain dans le four allumé à la plus basse température en laissant la porte entrouverte pendant 1 h.

5 Retirer le pain et monter le four à 425 °F (220 °C). Enfourner à nouveau et cuire 30 min. Laisser refroidir 1 h sur une grille.

VIVE
les smoothies

SMOOTHIE VERT

1 banane

2 poignées d'épinards

Lait d'amandes, au goût

1 c. à thé de chlorelle en poudre

Passer tous les ingrédients au mélangeur.

LE SMOOTHIE DE NADIA SOFIA

(voir p. 144)

1 c. à soupe de graines de lin moulues

4 c. à soupe de jus de citron

1 c. à thé de jus de gingembre

1 bonne poignée de feuilles vertes
(roquette, bébés épinards, menthe...)

1 ou 2 c. à soupe de chlorophylle liquide

1 poignée de bleuets congelés ou 1 kiwi

Jus de pomme non pasteurisé, au goût

Eau filtrée, au goût
(pour rendre le tout plus liquide ou plus dense)

1 c. à soupe d'huile de lin

1 c. à soupe d'huile de chanvre

Passer tous les ingrédients au mélangeur.

LE SMOOTHIE D'HIVER DE RICHARD MATTE,

psychologue de la santé

La version de base ne comporte pas de sucre, afin d'aider le sang à détruire les bactéries. On peut y ajouter une banane ou du sirop d'érable, surtout au printemps*.

2 c. à soupe de noix de coco râpée

2 c. à soupe de chia germé

2 c. à soupe de graines de chanvre décortiquées

2 c. à soupe d'argousier ou d'agrume

1 poignée de feuilles de kale,
sans tige, ou de bébé kale bio
(plus facile à broyer au mélangeur)

2 petites poignées d'épinards

Eau filtrée, au goût
(pour rendre le tout plus liquide ou plus dense)

12 gouttes de vitamine D3

1 goutte de vitamine B12

2 c. à soupe de protéine de riz brun germé

Persil ou roquette, au goût (facultatif)

Lait de coco non sucré, au goût (facultatif)

Passer tous les ingrédients au mélangeur.

L'argousier est un petit fruit orangé qui contient 30 fois plus de vitamine C qu'une orange

SMOOTHIE NOURRISSANT AUX POUSSES

2 pommes, pelées et coupées

1 cœur de laitue romaine

1 poignée de pousses (tournesol, luzerne...)

1 concombre, pelé et coupé en gros morceaux

1 c. à soupe d'avocat ou d'huile de coco

1 c. à soupe de sirop d'érable

Passer tous les ingrédients au mélangeur.

LE SMOOTHIE RÉGÉNÉRATEUR DU SPA EASTMAN

3 feuilles de kale, sans la tige

1 poignée d'épinards

Jus de 1 citron

2 pommes, sans le cœur

2 bananes

1 poignée de morceaux de mangue congelés

2 tasses d'eau filtrée

1 bouquet de persil entier, lavé (facultatif)

1 poignée d'amandes (facultatif)

Passer tous les ingrédients au mélangeur pendant 2 min.

LE SHAKE DE VÉRO

(voir p. 40)

1 poignée de fruits au choix,
congelés ou frais

1 tasse (ou au goût) de lait végétal maison
(amandes, tournesol, sésame) :
mélanger 1 tasse de graines ou noix et 4 tasses
d'eau, puis filtrer si nécessaire

¼ tasse de protéines
(chanvre, pollen d'abeille...)

1 c. à soupe de superaliment
(poudre de maca, prosopis, mûres blanches...)

1 c. à soupe de graines (chia, citrouille...)

Passer tous les ingrédients au mélangeur.

Les bons outils
pour votre nouvelle cuisine

L'extracteur à jus, l'outil par excellence pour une cuisine santé

Je suis végétarienne depuis plus de vingt ans. Qu'est-ce qui a fait une différence dans ma santé, dans mon degré d'énergie ? L'extracteur à jus. Je vous dirais même que c'est la seule dépense qui fait vraiment une différence. On peut se priver des déshydrateur, robot, mandoline et autres machines qui nous facilitent la vie, c'est vrai, mais qui n'apportent pas les bienfaits des jus fraîchement extraits. On dit que le jus vert est le secret de jouvence. L'extracteur lent nous permet d'absorber directement les minéraux, enzymes, vitamines et chlorophylle des légumes verts, par exemple. Du vrai soleil en verre ! Lorsqu'on les passe au mélangeur, les fibres restent et donnent la texture du smoothie, merveilleux aussi, mais pour un coup de fouet et une abondance de nutriments pour notre corps et son fonctionnement optimal, rien ne vaut les jus verts. Vous vous surprendrez de l'énergie ressentie dès les premiers verres avalés.

Si vous désirez connaître mon choix d'extracteur, visitez le jmagazine.ca.

Le mélangeur, celui que vous avez

Il est vrai qu'il existe des mélangeurs haut de gamme performants, mais je me suis très bien débrouillée sans eux pendant des années. Peut-être un luxe à convoiter à long terme… En attendant, vous retirerez avec le vôtre tous les bienfaits des recettes de pesto, de vinaigrettes et de smoothies de ce livre.

SMOOTHIE PROTÉINÉ

1 banane

2 poires

1 tasse de lait de chanvre « chocolaté »
(voir p. 138)

1 c. à thé de maca

Passer tous les ingrédients au mélangeur.

SMOOTHIE ANTIOXYDANT

1 poignée de fraises

1 petite poignée de framboises

1 petite poignée de bleuets

2 bananes

1 tasse de jus de pomme ou d'eau filtrée

Passer tous les ingrédients au mélangeur.

SMOOTHIE GOURMAND

2 portions

1 avocat

1 ½ tasse d'eau filtrée

2 c. à soupe de poudre de caroube

⅓ tasse de beurre d'amandes crues

⅓ tasse de sirop d'érable

Sel, au goût

½ tasse de glaçons

Feuilles de menthe, au goût (facultatif)

Passer tous les ingrédients au mélangeur.

♡ ♡ ♡
Ce smoothie peut aussi
être servi chaud

LE SMOOTHIE REPAS
DE GENEVIÈVE GRANDBOIS

2 portions

2 bananes

2 c. à soupe de graines de sarrasin germées
déshydratées

5 ou 6 amandes, noix du Brésil ou pacanes

2 tasses de mangue ou de pêche

1 c. à soupe de chia

1 c. à soupe de graines de chanvre
décortiquées

Gingembre, au goût

1 c. à thé de cannelle

2 tasses de lait d'amandes

1 c. à soupe de jus de citron

Passer tous les ingrédients au mélangeur.

VIVE
le dîner

Ma vinaigrette gourmande

La vinaigrette chasse-rhume de La Station Organique

Tartinade de noix

Kale au chanvre

Rouleaux avec hoummous

La soupe verte du vendredi de Julie

La soupe dahl de Danielle

Soupe miso

La chaudrée au quinoa et au maïs de Bonnie

*   *Le Nama Shoyu est un ingrédient qui revient souvent dans les recettes santé. C'est en fait une sauce soya crue, qu'on trouve dans les épiceries naturelles.*

MA VINAIGRETTE GOURMANDE

Délicieuse comme vinaigrette et comme sauce pour accompagner les rouleaux printaniers.
Vous attendrez vos salades avec impatience !

½ tasse de beurre d'amandes

¼ tasse d'eau filtrée

Jus de 1 citron (environ 2 c. à soupe)

1 c. à soupe de jus de gingembre

⅛ tasse de sirop d'érable

1 c. à soupe de Nama Shoyu*
ou de sauce soya sans gluten

2 c. à thé d'huile de sésame grillé

1 gousse d'ail, émincée

Mélanger à la fourchette et le tour est joué !
Si on l'a réfrigérée, y ajouter un peu d'eau au moment de l'utiliser et la mélanger de nouveau, car elle se solidifie.

Et si vous manquez de temps, voici une version simplissime !

½ tasse de beurre d'amandes

¼ tasse d'eau filtrée

Jus de 1 citron (environ 2 c. à soupe)

1 c. à thé de moutarde de Dijon

Mélanger tous les ingrédients.

LA VINAIGRETTE CHASSE-RHUME DE LA STATION ORGANIQUE

Cette vinaigrette se conserve une semaine. Elle est délicieuse sur cette salade : fond de feuilles de kale parsemées de lentilles, de raisins secs, de câpres et de quelques morceaux de patates douces cuites.

⅓ c. à soupe d'huile de pépins de raisin

¼ c. à soupe de vinaigre de cidre

1 c. à soupe de sirop d'érable

1 c. à soupe de moutarde de Dijon

½ tasse de purée de courge musquée

⅓ tasse d'eau filtrée

2 c. à thé de sel

2 c. à thé de poivre

1 c. à thé de cumin moulu

1 c. à thé de curcuma

½ c. à thé de coriandre moulue

½ c. à thé de cardamome

¼ c. à thé de poivre de Cayenne

¼ c. à thé de clou de girofle

¼ c. à thé de muscade

¼ c. à thé de cannelle

Passer tous les ingrédients au mélangeur.

TARTINADE DE NOIX

Cette recette sert de base : l'improvisation et la créativité sont les bienvenues ! Vous pouvez essayer d'autres combinaisons de noix et graines selon ce que vous avez.

½ tasse de pistaches non salées

½ tasse de noix de cajou crues, non salées

½ à 1 tasse d'herbes fraîches
(par exemple, coriandre et basilic)

2 c. à soupe de jus de citron

½ tasse d'huile d'olive
(ou plus pour une texture plus crémeuse)

1 gousse d'ail, émincée

2 c. à soupe de levure alimentaire

1 petit oignon, émincé

1 carotte, râpée

1 branche de céleri, tranchée

2 c. à soupe de Nama Shoyu, de sauce soya
ou de tamari sans gluten

Passer tous les ingrédients au mélangeur.

♡ ♡ ♡
Une coïncidence comme je les aime!
Premier petit cœur,
apparu comme par magie!

KALE AU CHANVRE

2 ou 3 tasses de kale

Filet d'huile d'olive

¼ tasse de graines de chanvre décortiquées

Graines de sésame entières et graines de
tournesol, au goût

Faire revenir le kale dans la poêle,
puis y ajouter un filet d'huile d'olive et les
graines, légèrement grillées.

ROULEAUX AVEC HOUMMOUS

4 rouleaux

Le hoummous peut aussi être servi en trempette.

Pour une version sans légumineuses, remplacer les pois chiches par des pois verts ou des edamames.

Hoummous de La Station Organique

1 ½ tasse de pois chiches cuits, biologiques si possible (bien rincés si en boîte)

2 petites courgettes, en morceaux

Jus de ½ citron

1 c. à thé de sel

1 c. à soupe de tahini (beurre de sésame)

½ gousse d'ail

½ tasse d'herbes au choix
(basilic, coriandre, menthe, basilic thaï, etc.)

Rouleaux

4 feuilles de riz

2 carottes moyennes, en julienne

1 courgette, râpée

1 poivron, en julienne

Vermicelles de riz, cuits, au goût

Coriandre et feuilles de basilic frais, au goût

Jus de lime, au goût

Feuilles de laitue frisée, au goût

1 Passer tous les ingrédients du hoummous au robot culinaire jusqu'à l'obtention d'une belle tartinade lisse.

2 Tartiner les feuilles de riz préalablement humectées avec le hoummous, garnir avec tous les ingrédients et rouler. Servir avec ma vinaigrette gourmande (voir p. 83) pour y tremper les rouleaux.

Pour savourer les légumes autrement, garnir une feuille de nori de la laitue et des légumes dont vous disposez, y verser une sauce crémeuse et la rouler.

La soupe verte du vendredi de Julie (voir p. 100)

Dans un monde idéal, on ne mangerait que ce qui est frais et vient d'être cueilli, en achetant toujours juste ce qu'il faut. Dans la vraie vie on calcule mal et on jette souvent. Cette soupe est une bonne façon d'utiliser les retailles vertes de la semaine que vous aurez conservées au frigo.

Pendant la semaine, je suis pressée : du brocoli et du chou-fleur j'utilise les bouquets, du poireau j'utilise le blanc, du kale je prends les feuilles, idem pour la bette à carde, le persil et la coriandre. Tout le reste, je le garde ! N'oubliez pas de conserver aussi les racines barbues des échalotes et des poireaux. On peut également utiliser de la laitue et d'autres feuilles, des courgettes et même des concombres. Tant qu'on ne change pas de couleur ! Si votre kale ou votre bette à carde sont trop flétris, voyez si vous ne pouvez pas garder au moins les tiges.

Lorsque mes pommes de terre ont une triste mine, j'en fais une purée : quelques cuillerées feront le féculent de mon potage, additionnées d'un reste de riz basmati cuit (1 à 2 tasses pour une bonne chaudronnée). Cela aurait pu être du quinoa, du riz brun, du millet, un riz aux tomates ou un pilaf aux épices, des haricots blancs cuits, ou simplement des patates crues, épluchées, coupées en petits dés et ajoutées en début de cuisson. Tout ce qui peut donner une texture crémeuse une fois très cuit et passé au bras mélangeur.

Je démarre la cuisson en couvrant le fond de ma casserole de ½ po (1 cm) d'huile d'olive, puis je fais tomber 2 oignons, de l'ail et des blancs de poireaux (garder le vert pour plus tard, il conservera ainsi sa couleur). J'ajoute ensuite le céleri, les tiges de brocoli (épluchées si coriaces), le panais, les queues de kale et autres en petits morceaux. J'ajoute deux bonnes pincées de thym, d'origan, d'un mélange d'herbes de Provence ou de sarriette, et deux bonnes pincées de sel (sel de mer, gros, iodé de préférence). Pas de poivre tout de suite, sa force et son amertume risquent d'être décuplés. Si vous y tenez, optez pour des grains de poivre entiers.

Pour le liquide : si vous avez une eau de cuisson de pois chiches, de haricots blancs ou de pommes de terre bouillies, utilisez-la pour faire le bouillon. Vous pouvez aussi garder vos eaux de cuisson de légumes verts tels que haricots ou brocoli, et vos eaux de rinçage de germinations si vous en faites : vous intégrerez des vitamines à la soupe. L'eau de cuisson des asperges est particulièrement sucrée. Sinon, allez-y avec de l'eau, et vous ajusterez l'assaisonnement en fin de cuisson.

Cuisez lentement, autant que vous le pouvez : la mijoteuse est indiquée, les saveurs se développeront davantage sans rien précipiter. Mais si vous devez aller plus vite, ce sera bon quand même.

Quand tout est tendre, passez au bras mélangeur, directement dans la casserole de cuisson (au diable la vaisselle !). La soupe peut aussi être mangée sans la passer au mélangeur.

Si votre potage semble trop clairet, ajoutez un filet d'huile après la cuisson. Ça peut être une huile de noix ou une bonne huile d'olive, mais normalement l'huile de départ devrait suffire à équilibrer la texture.

Une fois que c'est bien lisse, assurez-vous d'avoir sous la main de la belle verdure fraîche pour finir : par exemple, 2 ou 3 poignées d'épinards ajoutés une fois la cuisson complétée ajusteront le vert. Gardez aussi toujours vos fines herbes fraîches pour la fin. Et quand je dis la fin, je parle même du service, donc cru dans le plat chaud mais sans cuisson : la chaleur du plat suffira à les ramollir, c'est tout ce qu'on veut. Les herbes sèches ont besoin de réhydratation, c'est pourquoi on les a ajoutées en début de cuisson. N'utilisez pas de verdure trop coriace en fin de cuisson pour colorer, car elle n'aura pas le temps de cuire. Ne couvrez pas et passez vite le mélangeur après l'ajout des épinards. Les enfants carburent à la couleur : avec cette soupe, tous les légumes passeront le test !

LA SOUPE DAHL DE DANIELLE

2 portions

Danielle Denichaud a fait carrière comme danseuse contemporaine, avant d'être obligée d'arrêter à cause de maladies digestives et de nombreuses intolérances alimentaires. Depuis quinze ans, elle a étudié et essayé des approches incluant le macrobiotique, l'ayurvéda, la symptomatologie et l'herbologie. Aujourd'hui, elle n'a plus aucune sensibilité alimentaire !

1 tasse de haricots mungo, trempés 12 heures dans de l'eau avec 1 c. à thé de sel

Tisane rooibos, au goût, infusée dans 3 tasses d'eau

2 c. à thé de graines de fenouil

2 c. à thé de curcuma

1 c. à soupe de gingembre râpé

1 c. à soupe de miso

½ à ⅓ tasse de lait de coco

1 Jeter l'eau de trempage et cuire les haricots dans la tisane avec le fenouil, le curcuma et le gingembre. Bien cuire jusqu'à ce que les haricots aient une texture pâteuse.
2 Laisser tiédir puis ajouter le miso et le lait de coco.

SOUPE MISO

4 portions

2 ½ tasses d'eau

½ oignon, émincé

1 échalote entière, émincée

Chou ou pak-choï, au goût (facultatif)

1 ½ c. à thé de miso brun

1 ½ c. à thé de miso blanc

1 c. à thé de Nama Shoyu

1 c. à soupe d'huile de sésame

2 po (5 cm) de wakamé, coupé au ciseau, ou 1 feuille de nori, déchiquetée

1 Faire bouillir l'eau, ajouter l'oignon et l'échalote, cuire 5 min. Si vous choisissez d'ajouter du chou, l'incorporer et cuire 5 min supplémentaires.
2 Retirer du feu et ajouter le miso, le Nama Shoyu (on ne veut pas cuire ce qui est vivant), l'huile de sésame et le wakamé ou le nori.

LA CHAUDRÉE AU QUINOA ET AU MAÏS DE BONNIE

6 portions

... qui, à mon avis, concocte les meilleures soupes soignantes au monde! ♡ ♡ ♡

1 c. à soupe d'huile d'olive

1 gros oignon, coupé finement

2 gousses d'ail, émincées

½ tasse de quinoa

3 tasses de maïs congelé

4 tasses de bouillon de légumes

1 feuille de laurier

½ c. à soupe de sel

2 tasses de lait de soya bio, non sucré

½ tasse de poivron rouge, en dés

2 c. à soupe d'aneth frais,
et un peu pour garnir

Poivre fraîchement moulu, au goût

1 Dans un chaudron, chauffer l'huile d'olive à feu moyen et ajouter l'oignon. Cuire 2 min.
2 Incorporer l'ail, le quinoa et le maïs. Continuer la cuisson 3 min.
3 Ajouter le bouillon, la feuille de laurier et le sel. Amener à ébullition, couvrir et laisser mijoter 25 min.
4 Ajouter le lait de soya, le poivron, l'aneth et le poivre. Faire mijoter 5 min. Ajuster l'assaisonnement. Garnir d'aneth frais et servir.

VIVE
le souper

MON OKINAWA

4 portions

1 tasse de quinoa

2 tasses d'eau filtrée

2 c. à soupe de miso

2 poignées d'épinards frais, crus

1 avocat, coupé en morceaux

2 c. à soupe de levure alimentaire

¼ tasse de mélange d'huiles de chanvre
et de lin

¼ tasse de graines de chanvre

¼ tasse de graines de lin moulues

3 c. à soupe de graines de sésame entières

¼ tasse de noix ou de noix de pin

2 feuilles de nori

1 Faire cuire le quinoa. À la fin de la cuisson, ajouter le miso.

2 Ajouter les épinards et l'avocat.

3 Parsemer de levure, du mélange d'huiles, de graines et de noix, puis y déchiqueter le nori.

RIZ ET FÈVES NOIRES DE MON BRÉSIL

4 à 6 portions

1 oignon blanc, coupé finement

1 poivron, coupé finement

Épices bio, au goût

1 gousse d'ail, émincée

1 tasse de haricots noirs cuits, trempés et rincés plusieurs fois

1 tasse de champignons, coupés en lamelles

2 tasses de riz basmati bio ou d'un autre grain sans gluten, cuit

Feuille de nori

Filet d'huile de chanvre

1 Dans une poêle, faire revenir l'oignon avec le poivron.
2 Ajouter les épices bio, l'ail, les haricots noirs et les champignons. Mélanger le riz cuit à la préparation.
3 Garnir avec une feuille de nori déchiquetée et un filet d'huile de chanvre. Accompagner de kale et d'autres légumes frais.

Un mot de mon amie Julie

« J'adore coordonner la préparation des repas présents et à venir en combinant des étapes, mais je ne fais aucun compromis sur le goût, le plaisir ou la satisfaction de manger. J'aime me rappeler que la nourriture est avant tout le carburant de notre super machine, que notre qualité de vie en découle. Nous méritons ce qu'il y a de mieux !

Jeune, j'ai eu plusieurs gardiennes avec des intérêts et talents culinaires, disons... relatifs. Ma grand-mère avait découvert les vertus des mélanges en poudre des années 1970, la mode était aux steaks minute et aux petits pois, et je me suis dit très tôt qu'une de mes conditions de base pour être une bonne mère serait de savoir cuisiner. Chez nous, il y aurait de la musique et ça sentirait bon. Depuis mon premier livre de recettes (celui qui venait avec mon micro-ondes Panasonic en 1985), j'ai lu, essayé, osé, découvert, appris des trucs, tâtonné, répété et recommencé... bref, cuisiné jusqu'à savoir le faire.

J'ai eu mes deux fils et j'étais prête sur le plan culinaire. Mais alors que j'avais imaginé accoucher chez moi dans la plus pure harmonie, naturellement, la vie en a décidé autrement. Complications à l'accouchement, erreur médicale, convulsions à vingt-quatre heures de vie, et voilà que Gustave aurait sa route à lui, celle de la paralysie cérébrale, celle du « on verra comment il se développe », celle de l'espoir qui frôle quotidiennement le désespoir, celle de la vitesse autre, de la différence. Qu'est-ce que la paralysie cérébrale ? *Grosso modo* l'équivalent d'un AVC à la naissance, un court-circuit. On ne réapprend pas ce qu'on savait, on part sous zéro. Vous voyez les paralytiques coincés dans leur corps : ce sont les réflexes de nouveau-né, qui ne peuvent se perdre comme ils devraient l'être, simplement parce que le chemin cérébral pour continuer la route normalement est rompu, de partiellement à très sérieusement selon le cas. Avec un peu de chance, des ponts différents dans le cerveau seront construits à force de travail, des voies de contournement qui permettront d'évoluer, de marcher, de parler, de se nourrir... mais tout le monde n'a pas la chance de Gustave. Ni la nôtre, comme parents, d'ailleurs.

Au fil du temps, de l'évolution de Gustave et de notre deuil de la normalité, mes lectures culinaires ont changé. Bien logiquement, je me disais : si on peut "scrapper" un organe en mangeant mal, on devrait bien pouvoir aider un cerveau en mangeant bien. Et j'ai cherché ce que je pouvais faire de mieux, de plus, de différent. Sans compter que nous, parents, devions aussi soigner notre machine et durer le plus longtemps possible. Notre fils ne serait peut-être jamais autonome, et la question de notre longévité se posait dorénavant autrement qu'en matière de plaisir personnel et de projets de retraite.

Nous souhaitions absolument qu'il ait un frère, pour nous rapprocher de la "famille standard" le plus possible : il le méritait bien, et nous aussi. À mon sixième mois de grossesse, on a détecté une malformation cardiaque chez Camilien. Encore une fois, le travail du hasard, rien de génétique, simplement un autre type d'accident de parcours. Une opération à cœur ouvert à un an et, encore une fois, mes lectures ont changé.

Je me disais de nouveau : si on peut "scrapper" les artères et le cœur par la bouffe, on doit bien à l'inverse pouvoir s'aider ainsi. Et j'ai cherché. Quand j'ai terminé la lecture de *The China Study*, nous avons effectué un grand virage et sommes du jour au lendemain devenus végétaliens. Par conviction théorique au départ, mais par constat des bienfaits ensuite : meilleur sommeil, réduction de l'anxiété, énergie incomparable, etc. Alors que nous pensions capitaliser pour plus tard en prenant soin de notre alimentation, en deux semaines nous mesurions les effets de notre nouveau régime, et ça a suffi à nous faire maintenir le cap.

Première étape : que mangeons-nous déjà de végétalien ? Allons-y avec ça pour les premières semaines. Deuxième étape : qu'est-ce qui s'adapte sans trop de compromis ou d'entorses au goût et à la nature de la recette ? Enlever la viande d'un chili est une mince affaire, et il reste les haricots... De fil en aiguille, j'ai changé mes habitudes, acquis des goûts nouveaux (les anciens se perdent aussi !), dégraissé mon palais et je me suis mise à privilégier les couleurs vives et le croquant tout à fait naturellement, comme avant je cherchais le mou et le crémeux.

Depuis ce temps, j'ai reçu plusieurs fois de grands groupes, des familles, des couples d'amis, participé à quelques cuisines communautaires entre voisins. Souvent, quand les gens goûtaient mes plats, ils me demandaient des recettes, des trucs ; souvent, ils me disaient souhaiter manger mieux, cuisiner plus, intégrer parfois des menus sans viande ; souvent ils m'avouaient ne pas savoir quoi faire avec les légumineuses ou simplement ne pas savoir quoi faire tout court. Et au moment où je me demandais ce que je pouvais bien faire de constructif de ce que je savais, j'ai croisé Jacynthe... Et me voici.

Si les gens cuisinaient plus, avec confiance et moins d'appréhension, si nos enfants pouvaient tous tomber dans la marmite et si je pouvais y contribuer, ne serait-ce qu'un tantinet, alors je me trouverais vraiment heureusement et socialement... utile.

Bonne lecture et bonne bouffe ! »

4 à 6 portions

Quésadillas

Oignons, émincés, au goût

Poivrons, émincés, au goût

4 à 6 tortillas sans gluten

Hoummous, au goût

Olives, tranchées, au goût

Pousses, au choix, au goût

Riz pilaf

2 tasses de riz sauvage, cuit

1 petit oignon, haché finement

2 tomates, en dés

1 poignée de pousses variées

Ciboulette ou échalotes,
coupées finement, au goût

Origan, au goût

1 poignée de tomates séchées

Sauce

¼ tasse de tamari sans gluten

3 c. à soupe d'huile de chanvre

2 c. à soupe de jus de citron

1 gousse d'ail, émincée

Cumin, au goût

Sel, au goût

1 Faire revenir 2 min à feu doux les oignons et les poivrons.

2 Tartiner les tortillas avec le hoummous, puis garnir d'olives et de pousses.

3 Mélanger tous les ingrédients du riz pilaf; réserver.

4 Mélanger tous les ingrédients de la sauce, puis la verser sur le riz pilaf.

5 Servir les quésadillas accompagnées de riz pilaf.

LES FAJITAS DE JULIE

6 à 8 fajitas

3 c. à soupe d'huile d'olive

1 gros oignon jaune, en fines lanières

1 bloc de tofu, coupé en petits cubes*

3 gousses d'ail, hachées finement

1 poignée de coriandre, hachée grossièrement

1 c. à thé de cumin moulu

1 c. à thé de pâte d'achiote, de piment ou de cari rouge, diluée dans un peu d'eau filtrée

1 c. à thé de piment chipotle en poudre ou de poudre de chili (ou plus, au goût)

2 poivrons rouges, en lanières

1 boîte de champignons, en quartiers

2 tomates italiennes, fraîches ou en boîte, en cubes

1 petit verre d'eau filtrée

Sel, au goût

6 à 8 tortillas de maïs

Laitue, au goût

1 Dans une grande poêle, chauffer l'huile d'olive à feu moyen, puis ajouter l'oignon, le tofu, l'ail et la moitié de la coriandre.

2 Quand l'oignon est tombé, ajouter les épices (cumin, achiote, chipotle), mélanger et ajouter le reste des ingrédients, sauf le reste de coriandre et la laitue. Il ne faut pas griller, il faut que tout cuise, que les saveurs se mélangent, que les poivrons s'assouplissent. Si le mélange est trop sec, ajouter de l'eau en cours de cuisson. Cuire à feu moyen 30 à 40 min. Saler au goût.

3 Disposer les tortillas de maïs de manière à ce qu'elles se chevauchent dans l'assiette et les chauffer au micro-ondes 1 min ; sinon réchauffer à sec ou avec un peu d'huile, dans une poêle en fonte idéalement.

4 Disposer la préparation sur les tortillas.

5 Garnir du reste de coriandre et de laitue.

*   *Dans le cas de haricots en conserve, les faire tremper et les rincer plusieurs fois, jusqu'à ce que l'eau soit claire, pour éliminer l'effet ballonnement de cet aliment hypernutritif.*

BURGER-VEDETTE

(inspiré par Pam Brown, gardencafewoodstock.com)

8 à 10 boulettes

Ces boulettes se congèlent ! Je double donc habituellement la recette.

2 tasses de patates douces, pelées, coupées en petits morceaux

2 c. à thé d'huile d'olive

½ tasse d'oignon, haché

2 gousses d'ail, broyées

2 tasses de haricots noirs*

3 c. à soupe de tamari sans gluten

2 c. à thé de cumin

Sel et poivre, au goût

1 ½ tasse de riz brun, cuit

1 ½ c. à thé de sauce Worcestershire

2 c. à soupe de levure alimentaire

⅓ tasse de grains de maïs

1   Cuire les morceaux de patate douce au four à 350 °F (175 °C) pendant 30 min, sur une plaque avec un peu d'huile et de sel.

2   Dans une poêle, chauffer l'huile d'olive et faire revenir l'oignon et l'ail. Verser dans un bol et mélanger avec les haricots noirs, le tamari et le cumin. Saler et poivrer au goût. Ajouter ensuite les patates douces, le riz cuit, la sauce Worcestershire, la levure et les grains de maïs.

3   Passer au mélangeur (sans tout réduire en purée, pour garder le croquant du maïs) ou au robot par petits coups : on souhaite obtenir une texture mouillée qui se tient, mais qui n'est pas lisse.

4   Façonner des boulettes. Dans une poêle, à feu moyen, verser un filet d'huile d'olive et cuire les boulettes des deux côtés. Pour ajouter un croustillant agréable, on peut les enrober au préalable de graines de chanvre moulues. Mettre ensuite les boulettes au four, toujours à 350 °F (175 °C), pendant 10 min.

5   Servir telles quelles, avec une sauce au tahini, par exemple, ou sur un nid d'avocat et de pousses de tournesol, ou encore dans un pain, à la manière traditionnelle.

♡ ♡ ♡
Deuxième petit cœur !

BOL POUR RAYONNER

(inspiré par Kris Carr, *Crazy Sexy Diet*)

2 portions

2 tasses de riz, cuit

½ tasse de lentilles, trempées et rincées

1 tasse d'échalotes, émincées

¼ tasse de graines de sarrasin germées
déshydratées

1 avocat

Olives noires, coupées en morceaux, au goût

Les légumes crus que vous avez sous la main
(courgette, chou...), **au goût**

Ma vinaigrette gourmande (voir p. 83)

Dans un bol, mélanger tous les ingrédients.

PESTO 2 MINUTES

½ tasse de pistaches crues, non salées

½ tasse de noix de cajou crues, non salées

1 botte de coriandre

1 botte de basilic

½ tasse d'huile d'olive

1 gousse d'ail

Sel, au goût

1 Passer tous les ingrédients au robot culinaire jusqu'à l'obtention d'une consistance pas trop mouillée. On veut sentir la texture.

2 Servir sur des pâtes, des courgettes râpées ou encore sur des craquelins santé. On peut aussi en badigeonner une feuille de riz ou de nori, y ajouter des légumes et la rouler.

♡ ♡ ♡
Ce pesto se congèle très bien !

PÂTES DE COURGETTES À L'ASIATIQUE

(inspirées par Gena Hamshaw, choosingraw.com)

2 portions

½ tasse d'huile d'olive ou de lin

1 c. à thé de jus de gingembre

1 c. à thé d'huile de sésame grillé

2 c. à thé de jus de citron

1 c. à soupe de Nama Shoyu

2 c. à soupe de miso blanc

2 c. à soupe de sirop d'érable

⅛ tasse d'eau filtrée

2 tasses de courgettes, râpées

Noix de pin, au goût

Échalotes, hachées, au goût

1 Mélanger tous les ingrédients, sauf les courgettes, au robot culinaire, jusqu'à consistance onctueuse.

2 Verser sur les courgettes râpées, accompagner de noix de pin et d'échalotes. Servir immédiatement.

♡ ♡ ♡

La façon dont vous faites cuire votre poisson est aussi importante que celle dont vous le choisissez. Vos choix auront un impact sur votre santé et sur celle de la nature. En effet, il y a de mauvaises provenances (fermes insalubres) et de mauvais poissons : taux de mercure trop élevé, espèces menacées ou prises sans soin ni respect des eaux… Que vous privilégiiez une sole, une morue ou un saumon, bouillir ou cuire à la vapeur sont les modes de cuisson recommandés.

POISSON À LA MÉDITERRANÉENNE

(inspiré par Jacqueline Lagacé)

4 portions

Filet d'huile d'olive

1 petit oignon, émincé

1 gousse d'ail, émincée

4 petites tomates, en dés

4 filets de poisson, au choix

2 carottes, en petits dés

¼ tasse de tomates séchées, en morceaux

2 c. à thé de fines herbes au choix ou 1 poignée d'herbes fraîches (basilic, coriandre, etc.)

Olives, au goût

Câpres, au goût

Sel et poivre, au goût

1 Préchauffer le four à 230 °F (110 °C).
2 Dans une poêle, à feu doux, faire revenir dans un filet d'huile d'olive l'oignon et l'ail émincés. Ajouter les tomates en dés et cuire environ 5 min.
3 Dans un plat allant au four, déposer les légumes cuits, les filets de poisson, puis ajouter les autres légumes, les herbes, les olives et les câpres. Saler et poivrer, au goût. Couvrir et enfourner 30 min.

POISSON EN SAUCE CRÉMEUSE

4 portions

4 filets de poisson, au choix

Légumes, au choix

Filet d'huile d'olive

½ tasse de bouillon de légumes

½ tasse de crème de soya

1 Cuire le poisson à la vapeur 7 à 10 min (selon l'épaisseur des filets).
2 Faire revenir les légumes à la poêle dans un filet d'huile d'olive. Ajouter le bouillon et la crème de soya.
3 Napper le poisson de la sauce.

LE MACARONI «AU FROMAGE» SANS GLUTEN NI PRODUITS LAITIERS DE LA STATION ORGANIQUE

4 portions

Un classique que les enfants adorent!
Sans colorants, ingrédients douteux ni agents de conservation.

½ tasse de noix de cajou crues, non salées

1 tomate moyenne

½ tasse de jus de carotte frais

2 c. à soupe de levure alimentaire

1 c. à thé de sel rose

1 c. à thé de vinaigre de cidre de pomme

1 paquet (½ lb) de macaronis de quinoa, cuits

1 Faire tremper les noix de cajou environ 30 min, puis jeter l'eau de trempage.

2 Passer au mélangeur avec les autres ingrédients, sauf les macaronis, jusqu'à l'obtention d'une belle sauce crémeuse.

3 Verser sur les macaronis de quinoa.

♡ ♡ ♡

Remarquez le beau linge de lin ancien! La vaisselle et les accessoires utilisés pour ce livre ont été dénichés un à un dans des foires d'antiquités. Une belle façon de voyager dans le temps!

LES FALAFELS DE BONNIE

28 petits falafels

Ces falafels peuvent aussi être mangés en sandwich, accompagnés de la sauce et de légumes frais.
La sauce peut également être utilisée sur les salades, les légumes et les pâtes.

6 gousses d'ail

1 petit oignon rouge, coupé grossièrement

4 tasses de pois chiches, cuits

¼ tasse de tomates séchées

2 tasses de riz brun à grains courts
ou longs, cuit

⅓ tasse de tahini

¼ tasse de coriandre fraîche

1 c. à soupe de sel

½ c. à soupe de poivre de Cayenne
(facultatif)

2 c. à soupe de jus de citron

Sauce tahini

1 tasse de tahini

½ tasse de jus de citron frais

¾ tasse d'eau filtrée

½ c. à soupe de sel

1 Préchauffer le four à 350 °F (175 °C).

2 Au robot, émincer l'ail, puis ajouter l'oignon et mettre en mode *pulse*. Ajouter les pois chiches 1 tasse à la fois, toujours en mode *pulse*, jusqu'à ce que tous les pois soient écrasés, mais pas en purée. Réserver dans un grand saladier.

3 Dans le robot, déposer les tomates séchées et mettre en mode *pulse*. Ajouter le riz et continuer à mélanger jusqu'à ce que le riz soit brisé et bien amalgamé aux tomates.

4 Ajouter cette préparation aux pois chiches, puis au reste des ingrédients, et bien mélanger à la main jusqu'à l'obtention d'une texture collante.

5 En utilisant un contenant de ¼ tasse, former des boulettes et les mettre sur un papier ciré huilé. Aplatir légèrement. Cuire 10 min. Retourner et cuire 5 min de plus.

6 Préparer la sauce. Dans le robot, mettre le tahini et le jus de citron, et mélanger. Pendant que la lame tourne, ajouter l'eau et le sel jusqu'à l'obtention d'une texture douce.

BOULETTES DE BISON

18 à 20 boulettes

Cette recette est extraite du livre *Recettes gourmandes contre la douleur chronique* (Fides, 2013), de Jacqueline Lagacé et Jocelyna Dubuc, la fondatrice du spa Eastman, que j'ai eu le privilège de rencontrer. Quel moment passionnant avec cette pionnière en rituels et nourriture santé ! De ses quarante années d'expérience, j'ai puisé de précieux conseils, notamment sur la cuisson de la viande de façon non toxique. En gros, il s'agit de la cuire à très basse température. Le soir même, je concoctais, suivant la recette du spa, des boulettes de bison. Mes hommes se sont délectés ; une belle façon de compléter son régime naturel !

½ patate douce, en petits dés
(environ 1 ½ tasse)

½ céleri-rave, en petits dés
(environ 1 ½ tasse)

Environ 1 lb de bison haché

1 ½ c. à soupe de thym

1 ½ c. à soupe d'origan

2 c. à soupe de canneberges séchées, hachées

1 c. à thé de piment d'Alep

6 champignons de Paris, hachés

½ tasse de persil, haché

Sauce

3 échalotes, hachées

12 champignons de Paris, émincés

8 pleurotes, émincés

¼ tasse de tamari sans gluten

3 gousses d'ail, hachées

6 tasses d'eau filtrée

2 c. à soupe de fécule d'amarante

1 Préchauffer le four à 185 °F (85 °C).
2 Cuire la patate douce et le céleri-rave à la vapeur 5 min, puis les laisser refroidir.
3 Mélanger tous les ingrédients avec les dés de légumes.
4 Faire des boulettes de 1,5 po (4 cm) de diamètre.
5 Cuire à la vapeur 5 min, puis au four 25 min.
6 Pendant la cuisson des boulettes, mettre tous les ingrédients de la sauce, sauf la fécule, dans une casserole. Cuire doucement 10 min.
7 Délayer la fécule d'amarante dans un peu d'eau froide, puis l'incorporer au bouillon. Pour encore plus de saveur, remplacer l'eau par un bouillon de champignons.
8 Terminer la cuisson des boulettes dans la sauce en laissant frémir pendant quelques minutes. Servir aussitôt.

* Le garam masala est un mélange d'épices indien qu'on trouve en épicerie : attention, c'est assez relevé, vous pouvez évidemment réduire la quantité !

ÉPINARDS À L'INDIENNE

(inspirés par Chad Sarno, chadsarno.com)

2 portions

½ tasse de noix de pin

1 ½ c. à soupe de jus de citron

1 gousse d'ail, émincée

1 c. à soupe de jus de gingembre

1 c. à soupe de garam masala*

1 c. à thé de sel

1 pincée de poivre

1 pincée de cannelle (facultatif)

2 tasses d'épinards

Échalotes, au goût

Poivrons, au goût

Noix de pin, au goût

1 Passer tous les ingrédients, sauf les épinards, les échalotes, les poivrons et les noix de pin, au robot culinaire jusqu'à l'obtention d'une consistance onctueuse.

2 Déposer la sauce sur un nid d'épinards et bien mélanger.

3 Ajouter au goût quelques morceaux d'échalotes et de poivrons pour la couleur, et des noix de pin pour le croquant !

VIVE
le dessert

Brownies sans gluten

Le gâteau aux bleuets gourmand de Susan

Le gâteau aux courgettes de Susan

Mes chocolats

Sorbet trois ingrédients

BROWNIES SANS GLUTEN

10 à 12 brownies

Ma tante Denise et moi avons toujours partagé le goût du sucré. Quand j'étais enfant, elle me donnait un ou deux dollars pour aller remplir mon petit sac de bonbons au dépanneur du coin. Elle fut la première à se réjouir de ces gâteries chocolatées santé !

⅓ tasse de graines de chia moulues

½ tasse d'eau

Huile de coco pour le moule

½ tasse de beurre de coco

1 tasse de sirop d'érable

1 ⅔ tasse de poudre d'amandes

⅔ tasse de poudre de caroube ou de cacao

⅛ c. à thé de sel

½ c. à thé d'extrait de vanille biologique

¼ tasse de poudre de maca (facultatif)

1 Préchauffer le four à 325 °F (160 °C).
2 Dissoudre le chia dans l'eau et laisser reposer de 5 à 10 min pour obtenir une texture gélatineuse.
3 Graisser un moule carré de 9 po (23 cm) d'huile de coco et tapisser de papier parchemin.
4 Mélanger tous les ingrédients au robot culinaire.
5 Cuire environ 30 min. La pâte ne lèvera pas : c'est normal ! La texture restera collante.

Je préfère le caroube pour ses qualités nutritives

LE GÂTEAU AUX BLEUETS GOURMAND DE SUSAN

(voir p. 155)

Huile de coco pour le moule

¼ tasse de graines de chia

½ tasse d'eau filtrée

1 tasse de sirop d'érable

1 tasse de compote de pommes

1 tasse d'huile d'olive ou autre gras

1 c. à soupe d'extrait de vanille biologique

1 c. à soupe de cannelle ou de muscade

2 tasses de farine sans gluten (voir p. 63) ou autre

1 c. à thé de bicarbonate de soude sans aluminium

1 ¼ c. à thé de poudre à pâte sans gluten ni aluminium

2 tasses de bleuets

1 Préchauffer le four à 350 °F (175 °C).

2 Dissoudre le chia dans l'eau et laisser reposer de 5 à 10 min pour obtenir une texture gélatineuse.

3 Badigeonner un moule carré de 9 po (23 cm) d'huile de coco et le tapisser de papier parchemin.

4 Mélanger les ingrédients humides dans un bol, sauf les bleuets.

5 Ajouter les ingrédients secs.

6 Lorsque le mélange est prêt, ajouter les bleuets et brasser très peu afin de ne pas trop changer la couleur de la pâte.

7 Cuire environ 55 min.

LE GÂTEAU AUX COURGETTES DE SUSAN

Ce gâteau est délicieux autant au déjeuner qu'en collation ou au dessert. Vous pouvez ajouter des noix de Grenoble si vous le souhaitez. Pour servir au dessert, un coulis chaud au sirop d'érable viendra agrémenter le tout ! Délicieux également avec un verre de lait d'amandes non sucré !

3 c. à soupe de graines de chia

½ tasse d'eau filtrée

Huile de coco pour le moule

2 tasses de courgettes, râpées avec la pelure

1 tasse de sirop d'érable

½ tasse d'huile d'olive

1 c. à soupe d'extrait de vanille biologique

Un peu de cannelle ou de muscade

2 tasses de farine sans gluten (voir p. 63)

1 c. à thé de bicarbonate de soude sans aluminium

1 ¼ c. à thé de poudre à pâte sans gluten ni aluminium

1 Préchauffer le four à 350 °F (175 °C).
2 Dissoudre les graines de chia dans l'eau et laisser reposer de 5 à 10 min pour obtenir une texture gélatineuse.
3 Badigeonner un moule carré de 9 po (23 cm) d'huile de coco et tapisser de papier parchemin.
4 Passer au mélangeur les courgettes, les œufs ou le chia, le sirop d'érable, l'huile d'olive, l'extrait de vanille et la cannelle ou la muscade.
5 Ajouter le reste des ingrédients et brasser.
6 Cuire 30 à 35 min.

MES CHOCOLATS

48 chocolats

Simple et si savoureux! Un succès assuré!
Le mélange peut aussi être servi chaud, comme coulis sur un dessert ou en tartinade exquise.

½ tasse de noix de cajou

½ tasse d'huile de coco

½ tasse de poudre de caroube

1 tasse de sirop d'érable

1 c. à thé d'extrait de vanille biologique

1 pincée de gros sel de mer

1 Au robot culinaire, moudre les noix de cajou pour obtenir une poudre.

2 Faire fondre l'huile de coco au bain-marie. Une fois fondue, la mettre dans le robot culinaire.

3 Ajouter le reste des ingrédients et brasser jusqu'à l'obtention d'un mélange uniforme.

4 Ajouter au goût des noix de pin, pistaches, noix de Grenoble broyées et additionnées d'eau de fleur d'oranger, d'eau de rose et de miel. Incorporer les noix à la main juste avant de verser le chocolat dans les moules.

5 Couler dans des moules à chocolat en silicone ou sur une plaque recouverte d'un papier ciré pour obenir des tablettes.

6 Mettre au frigo 1 h avant de déguster. Conserver au frigo.

SORBET TROIS INGRÉDIENTS

2 tasses d'eau filtrée

2 tasses de sirop d'érable

1 tasse de framboises congelées

4 c. à soupe de jus de citron

1 Faire bouillir l'eau et le sirop d'érable 3 min, puis laisser refroidir complètement.

2 Ajouter les framboises et le jus de citron.

3 Passer à la sorbetière et congeler 24 h.

VIVE
la collation

Les barres d'énergie de La Station Organique

Biscuits au chia

Lait de chanvre

Les boules d'énergie d'Audrey

LES BARRES D'ÉNERGIE DE LA STATION ORGANIQUE

10 barres

Une recette hyper simple de barres remplies de fibres, de protéines et de bons sucres. Cette pâte vous sert de base ; ajoutez-y des noix, de la noix de coco, des baies de Goji, des pépites de caroube...

3 tasses d'amandes crues

12 dattes Medjool, dénoyautées*

1 tasse de haricots noirs ou blancs, cuits, ou en conserve, rincés

⅔ tasse de poudre de caroube

6 c. à soupe d'huile de coco

2 pincées de sel

2 c. à soupe bombées de graines de chia

4 c. à soupe de miel

4 c. à soupe de sirop d'érable

½ c. à thé de vanille en poudre

1 Passer au robot culinaire les amandes, puis incorporer les dattes et brasser jusqu'à l'obtention d'une pâte. On doit encore voir de petits morceaux de dattes.
2 Ajouter le reste des ingrédients, un peu à la fois, et amalgamer.
3 Étendre dans un moule carré de 9 po (23 cm) huilé. Réfrigérer.

La vanille en poudre donne un goût sucré sans élever le taux de glucose sanguin

133

♡ ♡ ♡

*Voici d'autres combinaisons délicieuses et puissantes
proposées par Mélanie, de La Station Organique*

BARRES AUX NOIX DE GRENOBLE

Ajouter à la préparation de base des noix de Grenoble et du sel rose de l'Himalaya.

Noix de Grenoble véritable superaliment, elles sont extrêmement riches en minéraux, en omégas 3 et en vitamine B.

Sel rose de l'Himalaya riche en oligoéléments (fer, calcium, potassium, etc.), ce sel permet une bonne régénération du sang et aide à rétablir le pH sanguin. Sa couleur rose vient du fer qu'il contient.

BARRES AUX BAIES DE GOJI ET ÉCLATS DE CAROUBE

Ajouter à la préparation de base des noix de Grenoble, des baies de Goji, des pépites de caroube et du sel rose de l'Himalaya.

Baies de Goji très riches en vitamine C, en antioxydants et en caroténoïdes, elles donnent beaucoup d'énergie. Elles contribuent également à maintenir la santé du foie et sont considérées comme l'aliment antivieillissement le plus puissant.

Pépites de caroube le caroube est le fruit d'un arbre ; une fois moulu et grillé, il a le goût du chocolat. Il est riche en calcium, en phosphore, en magnésium, en silice et en fer.

BARRES AUX BANANES, AU MACA ET AU CANISTEL

Ajouter à la préparation de base des noix de Grenoble, des bananes, de la poudre de maca cru, du canistel et du sel rose de l'Himalaya.

Bananes nutritives et énergétiques, elles sont riches en potassium, en fibres et en vitamines.

Poudre de maca cru elle régularise le système hormonal et endocrinien, et diminue le stress et la fatigue.

Canistel riche en bêtacarotène, il est aussi très riche en minéraux, en vitamine B3 et en protéines.

BARRES AUX AMANDES GERMÉES ET AU ZESTE D'ORANGE

Ajouter à la préparation de base des amandes germées moulues, des abricots séchés, des figues séchées, des pistaches, des zestes d'orange, de la cannelle, du gingembre et du sel rose de l'Himalaya.

Amandes germées la germination des amandes les rend plus digestes et augmente la quantité de vitamines, de minéraux (en particulier le magnésium) et de protéines. Elles sont en outre riches en acides gras mono-insaturés et en vitamine E, et aident à régulariser le taux de sucre sanguin.

Abricots séchés ils représentent une excellente source de fer et de cuivre, et sont très riches en vitamine A et en fibres.

Figues séchées très riches en antioxydants, source de vitamines A, B et K, elles sont aussi riches en calcium, potassium, magnésium et manganèse.

Pistaches très nutritives, elles sont une source de protéines complètes. Elles contiennent aussi beaucoup de minéraux et de vitamines, en particulier la vitamine B6.

BARRES PROTÉINÉES

Ajouter à la préparation de base des protéines de riz brun germé, des amandes germées moulues, des bananes, des graines de chanvre décortiquées, des graines de lin moulues et un mélange de protéines maison.

Protéines de riz brun germé acides aminés complets et assimilables à 98 %. Elles contiennent les neuf acides aminés essentiels, sans gluten, et sont très faciles à digérer. Riches en vitamines et minéraux, elles ont une teneur élevée en antioxydants, fer, potassium, niacine, phosphore, riboflavine et thiamine. Elles régularisent le taux de sucre dans le sang.

Graines de chanvre elles figurent parmi les aliments les plus complets au monde ! Véritable superaliment, elles sont riches en minéraux, en vitamine E et en omégas 3. Protéines complètes et très alcalinisantes, elles possèdent une haute teneur en acides gras essentiels.

Graines de lin leur consommation réduirait les risques de cancer, de haute tension artérielle et de maladies cardiovasculaires. Elles sont riches en fibres et en acides gras essentiels.

Mélange de protéines maison d'Audrey

2 tasses de graines de sarrasin germées déshydratées
1 tasse de chlorelle en poudre
1 tasse de graines de lin moulues
1 tasse de poudre de caroube
1 tasse de farine d'amandes
1 c. à soupe de vanille en poudre
1 c. à soupe de stévia en poudre

Entrevue avec Brendan Brazier

Brendan Brazier a été athlète professionel, triathlète Ironman et deux fois champion du Canadian 50 km Ultra Marathon. Il travaille désormais comme conseiller en nutrition et il est l'auteur de la série de best-sellers *Thrive* (dont le plus récent, *Thrive Energy Cookbook*, est paru en mars 2014), ainsi que le créateur d'une ligne primée de produits nutritionnels à base de plantes, Vega. Il est également l'artisan de Thrive Forward, une série de vidéos en ligne visant à éduquer les gens sur la nutrition à base de plantes.

J'ai lu ses livres, grâce auxquels j'ai beaucoup appris sur les superaliments et le fonctionnement du corps. Je trouve Brendan très inspirant, c'est pourquoi je lui ai posé quelques questions.

Quelle est ta routine du matin ?

Mon déjeuner type est un smoothie ultra-nutritif après ma course du matin. Une de mes recettes favorites est mon smoothie choco-amandes, qui est très riche en protéines. Je passe au mélangeur 1 c. à soupe de Vega Sport Performance Protein à saveur de chocolat, 2 tasses d'eau froide, 1 banane, ½ tasse de baies congelées et ¼ tasse d'amandes crues (que j'ai fait tremper durant la nuit).

POUR PLUS D'INFORMATIONS, visitez le www.brendanbrazier.com et suivez Brendan sur Twitter (@Brendan_Brazier) et Google+.

Où trouves-tu la motivation pour t'entraîner ? As-tu des trucs particuliers ?

J'ai intégré l'entraînement – course ou vélo – à mon horaire quotidien. J'aime aussi me rappeler pourquoi je m'entraîne ; personne ne me force à le faire. Il y a une raison pour laquelle on court ou on fait un triathlon. Normalement, c'est parce qu'on apprécie au moins un aspect de la discipline, que ce soit l'entraînement, la compétition ou les amis avec lesquels on s'entraîne. Je me sens très privilégié d'être suffisamment en santé pour pouvoir m'adonner à ces activités qui m'apportent tellement de plaisir.

Je conseille de s'entraîner le matin : cela donne de l'énergie pour la journée et élimine plusieurs excuses pour ne pas le faire !

À quoi ressemble ton menu pour une journée type ?

Je choisis des aliments entiers et riches en nutriments, notamment des légumineuses, des haricots, des pois, des graines, du chanvre, du chia, du lin, des légumes verts et de la chlorelle. Je mange également beaucoup de fruits et de grains germés. Pour le souper, j'opte généralement pour une grosse salade avec différents légumes verts : mélange printannier de feuilles, kale, avocat, pousses. Je parsème dessus des feuilles de nori déchiquetées ainsi que des carottes, des betteraves et du concombre.

BISCUITS AU CHIA

24 biscuits

1 ½ tasse de farine sans gluten (voir p. 63)

1 ½ tasse de flocons de sarrasin

½ c. à thé de bicarbonate de soude sans aluminium

Sel, au goût

¼ tasse d'huile de coco

¼ tasse de sucre de noix de coco

¼ tasse de sirop d'érable

1 c. à thé d'extrait de vanille biologique

6 c. à soupe de graines de chia

1 poignée de pépites de caroube

1 Préchauffer le four à 375 °F (190 °C).
2 Mélanger tous les ingrédients. Ajouter un peu d'huile de coco si le mélange semble ne pas coller ensemble.
3 Façonner de petits disques et les déposer sur une plaque à biscuits tapissée de papier parchemin.
4 Mettre au four 10 à 12 min, ou jusqu'à ce que les biscuits soient dorés.

LAIT DE CHANVRE

1 tasse de graines de chanvre moulues

3 ½ tasses d'eau filtrée

Mélanger les ingrédients et passer
au mélangeur à puissance maximale.

♡ ♡ ♡

Pour une version chocolatée,
ajouter 2 c. à soupe de poudre de
caroube et 2 c. à soupe de sirop
d'érable !

LES BOULES D'ÉNERGIE D'AUDREY

12 boules moyennes

Son jeune âge combiné à l'harmonie, à la paix intérieure qu'elle dégage m'impressionnent. Naturopathe, elle a lancé Audrey's Antidotes, entreprise par laquelle elle prône une alimentation vivante pour une vie saine et un corps en santé.

¾ tasse d'amandes crues

¾ tasse de dattes

¼ tasse d'abricots séchés
(sans sulfites)*

1 c. à soupe de graines de chia

½ c. à thé de poudre de maca

½ c. à thé de graines de chanvre décortiquées

1 c. à soupe de sirop d'érable ou de miel

4 c. à soupe bombées de beurre de coco

⅓ tasse de poudre protéinée

1 Mettre tous les ingrédients dans le robot culinaire et mélanger pour obtenir une texture collante.

2 Rouler en boules, puis réfrigérer 15 min.

J'ai un faible pour celle au chocolat !

BIEN-ÊTRE

Rituels beauté

Le pendant logique d'une bonne alimentation est de prendre soin de soi de belle façon. Il va sans dire que de nouveaux gestes accompagnent une détox. Plus notre bien-être intérieur grandit, plus nous cherchons à en prolonger les bienfaits sur tous les plans. Voici quelques pistes !

Le réveil

Veillez à prendre le temps de dire merci, de vous étirer et d'entrer en douceur et avec amour dans votre nouvelle journée en souriant, en allumant des bougies s'il fait noir, avec une boisson chaude citronnée... Choisissez votre petit rituel !

Le scrubbing

Faites-le avec une débarbouillette rugueuse sèche ou un gant de crin, avant la douche : nous sommes ce que nous n'éliminons pas ! La peau est une de nos quatre voies éliminatoires, et la seule externe. On peut l'aider directement en délogeant les toxines qu'elle tente d'évacuer ! Attention par contre de ne pas y mettre trop de force : pensez à un élastique trop tendu qui perd alors son élasticité. C'est la même chose pour la peau ! Passez la débarbouillette doucement sur celle-ci, des pieds aux hanches, des poignets aux aisselles.

Le nettoyage de la bouche

Wow ! Triple wow ! Une pratique ayurvédique millénaire, incroyable pour améliorer l'hygiène de notre bouche et tellement plus ! Mon amie Nadia Sofia m'a offert ce rituel du matin au moment où j'en avais grandement besoin.

Comment blanchir ses dents, détruire bactéries et champignons, et améliorer la santé de nos gencives de façon toute naturelle ? Avec ce rituel surprenant et fort agréable. Dans son livre dédié à l'acte de nettoyage à l'huile (*oil pulling*), le Dr Bruce Fife explique que l'huile agit comme un nettoyant en enlevant les bactéries et autres débris de nos dents et gencives.

Concrètement, il suffit de garder 1 à 3 c. à soupe d'huile (de sésame, de tournesol ou de noix de coco ; bio, première pression et crue) environ quinze minutes dans sa bouche, puis de la cracher (dans la poubelle ou dehors pour ne pas bloquer les tuyaux).

L'huile est alors transformée en liquide blanchâtre, et la sensation en bouche est merveilleuse. Toujours selon le Dr Fife : « Notre bouche abrite des milliards de bactéries, virus et autres parasites ainsi que leurs toxines, des germes et leurs résidus qui entraînent la détérioration des gencives et des dents ainsi que des problèmes de santé (arthritiques, cardiaques, menstruels). Notre système immunitaire combat continuellement ces agents troubles. S'il est aussi surmené (stress, régime pauvre, toxines environnementales), les toxines peuvent alors se propager dans notre corps, engendrant d'autres problèmes de santé[8]. »

Mon amie, en répétant cette routine tous les jours, a non seulement gagné des dents d'une belle et saine blancheur, mais ses gencives ont aussi retrouvé leur santé et peuvent désormais protéger les racines des dents comme il se doit.

Dans mon cas, dès la deuxième journée, j'avais hâte de sortir du lit pour commencer mon nouveau rituel ! Aussi fou que cela puisse paraître, il a renversé un problème que j'avais avec une dent. J'adore la sensation, l'hydratation et le filtre qu'il me laisse en bouche.

Concrètement, au réveil, je passe un petit bâton de *popsicle* sur ma langue pour enlever le plus gros des résidus, puis j'utilise un peu d'eau pour rincer ma bouche et je prends, sans le boire,

mon *shooter* d'huile de sésame. Je la passe sur mes dents et mes gencives. Mes enfants rigolent ! Passionnée et surtout reconnaissante comme je le suis, je l'y laisse vingt minutes !

Je ne vous le cache pas, les deux ou trois premières fois donnent un peu mal au cœur, mais ça vaut le coup de persévérer : le rituel devient agréable, et on ne peut plus s'en passer ! La correspondance positive et constructive que je reçois depuis que je partage ce rituel est impressionnante. Ça vaut le coup de l'essayer !

VOICI CE QU'ON PEUT GAGNER COMME EFFETS :

- des dents plus blanches (je l'ai vu, de mes yeux vu !) ;
- des gencives plus saines ;
- une meilleure haleine ;
- davantage d'énergie ;
- une meilleure clarté d'esprit, entre autres !

8. Dr Bruce Fife, *Oil Pulling Therapy : Detoxifying and Healing the Body Through Oral Cleansing*, Piccadilly Books, 2012.

Quatre activités qui gagnent à être connues... et pratiquées !

La respiration consciente

J'ai d'abord fait un stage avec un gourou indien, au cours duquel j'ai appris une technique de respiration énergisante qui désintoxique, puis j'ai essayé une séance de *transformational breathing* avec Geneviève Laquerre. Ces deux expériences ont été puissantes, étonnantes, et le moteur d'impressionnantes transformations. C'est si simple de bien respirer, et pourtant... Il suffit, quelques fois par jour, de prendre conscience de sa respiration afin de se relaxer, le matin pour mieux se réveiller, et l'après-midi afin d'avoir plus d'énergie. Vous le constaterez, la respiration consciente est votre meilleure amie.

UN MOT DE GENEVIÈVE

« La respiration est un outil précieux pour notre santé, notre équilibre et notre joie de vivre !

Notre respiration est le reflet de la façon dont nous gérons notre vie : plus nous sommes conscients de notre respiration et plus celle-ci est fluide, plus nous nous sentons bien, confiant et en paix. Plus notre respiration est retenue ou forcée, plus nous oublions de respirer, plus nous vivons des tensions et plus nous refoulons une panoplie d'émotions. À long terme, ce bagage interne peut nous causer insomnie, anxiété, troubles digestifs et problèmes graves.

Bien que la respiration ne soit pas un traitement médical, apprendre à mieux respirer compte de nombreux bienfaits !

Il existe des techniques qui utilisent une respiration consciente pour optimiser le bien-être physique, psychoémotionnel et spirituel. Ces pratiques servent à prendre conscience de notre respiration et à apprendre comment promouvoir notre régénération cellulaire. De plus, elles peuvent nous faire accéder à notre inconscient afin de libérer les schémas de pensées négatives, les émotions refoulées et les traumatismes. »

Le sauna infrarouge

Déjà une amoureuse des bains finlandais où on alterne le chaud et le glacé, j'ai essayé un tel sauna et j'ai tout de suite aimé. On s'y sent bien, on peut supporter facilement la chaleur, et les bienfaits sont immédiat après la séance et comblent de bien-être. Sincèrement, je trouve que j'ai l'air plus jeune dès que j'en sors, et mon chum le pense aussi! Ma peau gagne en luminosité, les toxines se libèrent, entraînant surtout un effet coup de fouet sur les plans de la vitalité, de l'énergie. Lorsqu'un virus tente de m'attaquer, je vais suer! Et si je veux m'offrir une cure, j'y vais tous les jours.

Sécuritaire, sa lumière infrarouge nous réchauffe doucement, comme si nous étions à la plage, mais sans UVA ni UVB. Elle élève la température du corps de façon sèche, sans générer de grande chaleur comme le sauna humide. Mon choix est l'infrarouge, mais les autres types de saunas offrent aussi des bénéfices intéressants pour la santé.

Le Pilates

En faisant une heure de Pilates par semaine, j'ai changé ma posture rapidement, remédié à de mauvais alignements et surtout sculpté mon corps comme jamais auparavant, autant mes abdos et fessiers que tout le reste. Je n'ai jamais rien pratiqué d'aussi intelligent pour la santé du corps. On se sent d'abord plus fort et, quelques séances plus tard, on remarque que notre corps n'a jamais eu d'aussi belles formes. Tout ça en s'amusant, car les exercices sont diversifiés et efficaces. De plus, cet entraînement a comme bénéfice de nous faire grandir d'un centimètre. L'effet sur la posture est magique!

Le massage avec une balle

La balle reflex est le cadeau idéal à se faire et à offrir pour le massage à la maison ou au travail. On la roule pour dénouer, détendre, ou on se la fait rouler, le long des omoplates par exemple, pour une dose de bonheur immédiate et durable!

Se simplifier la vie

Une détox intérieure accompagne merveilleusement bien celle de notre oasis, qui se fait par l'épuration du garde-manger et des placards, par un ménage aux produits biologiques et grâce à l'air aux parfums naturels vivifiants qui y circule. Réduire notre charge, notre fardeau en donnant ce qui ne nous sert pas (ne jamais jeter) ; collectionner les moments, non les choses ; mettre l'accent sur l'essentiel, apprécier ce qu'on possède, le soigner (ce qui nous tient aussi loin des magasins et des tentations !) et, si cela s'avère opportun, revoir son aménagement.

Lorsque ce sera fait et que vous aurez un espace convenant à votre nouvelle vie, dressez la liste de ce que vous souhaitez pour rester branché sur vos rêves... et les réaliser. Ce contrat avec vous-même correspond à vos priorités, non à celles qui vous sont imposées.

Au quotidien, il est important de ne pas oublier de prendre le temps de s'arrêter, de se questionner, d'être reconnaissant, de se gâter. Qu'est-ce qui nous fait plaisir ? Quelles sont nos passions ? On n'a qu'une vie à vivre.

♡ ♡ ♡

Créez votre tableau de visualisation, parce que ça fonctionne ! Lorsqu'on voit ses désirs, les ressentir et y croire sans se laisser influencer font une différence. J'y consacre un chapitre dans mon premier livre, Respirer le bonheur.

Les huiles essentielles

Depuis que j'utilise les huiles essentielles, je me méfie des produits chimiques. Je limite les dérivés pétrochimiques et autres indésirables qui entrent en contact avec mon corps et qui ne sont pas biologiques. Pour fabriquer mes crèmes et mes parfums, les huiles sont sans danger.

Dans ma pharmacie aromatique, je dispose d'une petite trousse savamment élaborée par la nature et qui est d'une aide précieuse pour ma famille et mon environnement, autant en cosmétiques que pour nous soigner, autant pour désinfecter la maison que pour la parfumer. Vous trouverez plus bas une liste d'incontournables à garder chez soi.

Ces quatre huiles essentielles, faciles d'utilisation, sont peu chères. Leur efficacité est impressionnante, et leur polyvalence les rend indispensables. Je garde à portée de main la lavande pour les piqûres d'insectes et les brûlures : on verse quelques gouttes directement sur l'endroit

La **LAVANDE** est tout indiquée pour calmer le système nerveux, pour cicatriser la peau de façon exceptionnelle (plaie, coupure, blessure, brûlure), comme anti-inflammatoire, comme décontractant musculaire, comme hypotensif, pour les troubles du sommeil, contre les piqûres de moustique, etc.

Très anti-infectieux et fongicide, l'**ARBRE À THÉ (*TEA TREE*)** est utilisé pour les plaies infectées, les infections des gencives, les otites, les maux de gorge comme la pharyngite, ainsi que les vaginites. Il stimule aussi le système immunitaire, et on s'en sert notamment pour combattre les infections intestinales.

La **MENTHE POIVRÉE** aide à stimuler la digestion lente, combat les indigestions ainsi que les douleurs et les crampes qui y sont associées. Utile pour les maux de tête, les douleurs musculaires et articulaires, elle est aussi décongestionnante et stimulante de manière générale.

L'**EUCALYPTUS RADIÉ** est à prendre en cas de grippe, est utilisé comme décongestionnant respiratoire, aide lors de sinusite, de toux et d'otite, et stimule le système immunitaire. Cette huile essentielle est formidable dans les cas de grippe, rhume, toux et bronchite des enfants.

piqué ou brûlé, les bienfaits sont instantanés. Je vais masser le dos endolori de mon chum avec la menthe poivrée. L'hiver, j'aime aider notre système immunitaire avec l'eucalyptus, tant sur la peau que par voie interne. J'ai aussi une formule anti-grippe très efficace, à avaler quelques gouttes à la fois. Elle est composée d'eucalyptus, de menthe poivrée, de romarin, de thym, d'origan et de laurier.

Pour le ménage, je verse dans mon eau de lavage quelques gouttes de « diffusion purifiante », qui parfument mes comptoirs et planchers. Je craque pour les recettes fraîches et citronnées de Luc, aromathérapeute depuis plus de vingt ans, qui a créé Céliarôme et qui m'approvisionne en huiles essentielles depuis dix ans. Luc nous offre ses recettes formulées à la perfection. On peut aussi ajouter simplement de l'arbre à thé à l'eau savonneuse pour désinfecter (jouets trouvés, livres dénichés, antiquités, etc.) et bien nettoyer son environnement... sans s'intoxiquer !

J'emploie également l'arbre à thé pour soigner des plaies d'animaux. L'aromathérapie est largement utilisée en médecine vétérinaire en France.

Pour ce qui est de la coquetterie, la rose et le néroli tiennent une place d'honneur au sommet de mon palmarès.

Dans la maison, j'utilise les huiles essentielles un peu partout. Je m'en sers parfois uniquement pour avoir de bonnes odeurs, sauf l'été parce que les lilas, les tilleuls et la lavande qui entourent la maison l'embaument. En hiver, en plus d'ouvrir les fenêtres presque tous les jours pour que l'air frais puisse entrer, je fais diffuser des huiles essentielles pour aseptiser l'air ambiant, surtout si quelqu'un de malade est venu chez moi ; j'ai alors recours à mes savantes petites molécules aromatiques pour neutraliser les bactéries ou les virus. Je diffuse ou je vaporise les huiles alors mélangées à de l'eau ou du gin. La combinaison orange-patchouli est vraiment géniale pour la salle de bain ! Bien sûr, tous les goûts sont dans la nature, et c'est pour cette raison que j'aime ces potions que je change au fil des saisons, des

LES PROPORTIONS

- Seau d'eau de 4 litres : 12 gouttes d'un mélange d'huiles essentielles sont largement suffisantes.

- Produits pour la cuisine : 0,25 % d'huiles essentielles. Par exemple, pour un contenant de produit nettoyant de 500 ml, ¼ c. à thé d'huiles essentielles, soit 38 à 40 gouttes.

- Produits pour la salle de bain : 0,50 % d'huiles essentielles. Par exemple, pour un produit nettoyant de 500 ml, ½ c. à thé d'huiles essentielles, soit 75 à 80 gouttes.

- Pour le lavage des vêtements : il y a tellement de possibilités ! Il est cependant préférable d'éviter les huiles de cannelle, girofle ou thym. Optez plutôt pour 3 ou 4 gouttes de lavande (très aimée en général) ou autres (géranium, romarin, petit-grain, etc.). La combinaison de 3 gouttes de lavande avec 1 goutte de géranium est merveilleuse ; le mélange de 2 gouttes de petit-grain avec 1 goutte de romarin est plus masculin et rafraîchissant. Ça aromatise la salle de lavage quand ils sèchent.

besoins et des tentations. Plus besoin des parfums d'ambiance commerciaux! Voici les combinaisons gagnantes de Luc.

Pour le ménage

Comme vous le savez peut-être, les huiles essentielles flottent sur l'eau, il est donc nécessaire d'ajouter un produit lavant qui va les rendre solubles dans l'eau. Vous pouvez employer un savon à vaisselle, écologique si possible, ou bien un produit nettoyant similaire. Pour ce qui est des huiles essentielles appropriées, le choix est vaste. Celles d'agrumes (citron, orange, limette) sont des choix judicieux. De plus, les agrumes sont de bons antiseptiques atmosphériques. Vous pouvez y joindre une huile essentielle de citronnelle ou de litsée citronnée. Ces deux huiles essentielles sont de bonnes antibactériennes et antifongiques, et elles sont très abordables. Vos comptoirs, planchers, salles de bain seront aseptisés, et l'air ambiant également. Vous pouvez, par exemple, utiliser trois gouttes de litsée citronnée et quatre gouttes d'orange ou de citron. Effet rafraîchissant garanti!

De son côté, Susan, savonnière des Savons de la Bastide, propose de verser les huiles essentielles de citron et d'orange douce dans l'eau de lavage des planchers, avec un savon neutre : elles donnent une senteur de propreté très agréable. Quelques gouttes d'arbre à thé dans une eau savonneuse avec du savon de Castille neutre ou de la menthe poivrée, ou des agrumes, sont l'idéal pour les comptoirs et les surfaces. L'acier inoxydable peut être nettoyé avec un mélange de vinaigre blanc et d'eau dans une bouteille à vaporiser. Les vitres seront bien propres et brillantes avec une solution de vinaigre blanc et d'eau, tout simplement. On peut faire briller le contour des fenêtres avec un mélange de bicarbonate de soude et de jus de citron. Pour récurer les éviers et toutes les surfaces, incluant la porcelaine, sans les égratigner, le bicarbonate de soude utilisé seul est très efficace.

Le pouvoir microbicide des huiles essentielles

La recherche scientifique s'intéresse à l'aromathérapie et principalement à l'action microbicide des huiles essentielles et leur effet sur les bactéries, champignons et virus à l'origine de maladies diverses. Depuis de nombreuses années, les plantes aromatiques ont été utilisées entre autres comme thérapie en médecine naturelle, dans des produits pharmaceutiques, afin de préserver la nourriture de prolifération microbienne, et comme produit d'hygiène corporelle et de désinfection de l'air, pour ne nommer que quelques-uns de leurs usages.

L'activité antimicrobienne des huiles essentielles a constitué le cheval de bataille de leur popularité grandissante. Des milliers d'études mettent en évidence de façon incontestable le pouvoir microbicide des petites molécules aromatiques sur différentes souches d'origine bactérienne, fongique ou virale. L'Université de Montpellier, en France, a intégré l'aromathérapie au programme de la faculté de médecine et de pharmacie. Un chercheur de la faculté de médecine à l'Université de Manchester, en Angleterre, a même démontré que les huiles essentielles parviennent à détruire certaines bactéries résistant aux antibiotiques.

En ce qui a trait aux produits d'entretien ménager, les huiles essentielles sont à privilégier pour leur pouvoir antibactérien et antifongique. Lorsqu'il s'agit de détruire les germes qui séjournent dans nos salles de bains, cuisines ou ailleurs, nous pouvons avoir recours à une panoplie d'huiles essentielles agréables à l'odeur. Les plus microbicides sont sans contredit le thym (thymol), la cannelle (écorce et feuille) et le clou de girofle ; elles entrent souvent dans la composition des produits ménagers. Ces huiles essentielles sont qualifiées de bactéricides, fongicides ou virucides à large spectre d'action, c'est-à-dire qu'elles sont en mesure d'enrayer un grand éventail de germes pathogènes.

Luc recommande les agrumes (pamplemousse, limette, citron) pour les serviettes de bain et les linges à vaisselle (5 à 8 gouttes). C'est très désinfectant et ça sent le propre.

Pour l'ambiance

Pour ce qui est des parfums d'ambiance, le choix ne manque pas non plus. À l'approche de l'hiver, les huiles essentielles de sapin, d'épinette noire, de thuya et de pin sont très aimées ; en plus, elles aseptisent l'air ambiant dans la maison. Les conifères se marient très bien avec les zestes d'orange, qui donnent de la gaieté, ou bien l'eucalyptus radié si vous êtes affligé d'un rhume ou d'une grippe.

Au printemps, les conifères n'ont plus la cote. On veut diffuser romarin, citron, sauge si on cherche un effet tonique, ou petit-grain, lavande, bois de rose, mandarine pour un effet calmant. Bien sûr, allez-y selon vos humeurs et vos goûts. À vous de faire vos propres expériences et d'y ajouter votre touche personnelle.

Durant la période des Fêtes, si vous désirez faire d'une pierre deux coups, c'est-à-dire aseptiser l'air de la maison tout en créant une ambiance olfactive festive, voici une recette qui réjouira vos invités et vos enfants.

PARFUM D'AMBIANCE DES FÊTES

- 80 gouttes de sapin
- 20 gouttes d'orange (zestes)
- 1 goutte de cannelle (cannelle de Chine ou écorce de cannelle de Ceylan)
- 1 goutte de clou de girofle

Mélanger le tout dans une bouteille vide. Déposer quelques gouttes directement dans votre diffuseur ou dans une bouteille avec vaporisateur, dans laquelle vous ajouterez 1 oz (30 ml) de gin ou d'alcool à 94 % (SAQ), ou encore simplement déposer quelques gouttes sur un papier mouchoir.

Pour le corps

Pour parfumer une crème corporelle, on opte pour des huiles essentielles féminines, telles que l'ylang-ylang (exotique et parfois érotisant), le géranium (génial avec l'ylang-ylang), le bois de rose, la sauge sclarée (enivrante), la vanille (qui rend de bonne humeur), ou bien des huiles essentielles plus chères, telles que le néroli (très délicat et souvent utilisé en parfumerie), le jasmin (enivrant, érotisant), ou la rose (effet très rajeunissant sur le visage).

Pour ce qui est des enfants, ils adorent les odeurs de mandarine, d'orange et de vanille, qui sont plutôt sucrées. Allez-y avec parcimonie pour les produits destinés aux enfants en bas âge.

Préparer des crèmes ou d'autres produits cosmétiques avec les huiles est euphorisant : leurs parfums nous enivrent carrément. Et savez-vous qu'elles nourrissent le corps, la peau et l'esprit ? Elles pénètrent jusque dans le sang et voyagent dans tout le corps. En les appliquant directement sur la peau, nous bénéficions de leurs bienfaits longtemps. Leurs multiples vertus ne sont donc pas que cosmétiques, elles ont largement démontré leurs bienfaits sur la santé. Ainsi, les crèmes biologiques composées d'huiles végétales (rose musquée, onagre, bourrache, argousier, etc.) et d'huiles essentielles nourrissent, purifient et régénèrent la peau. Il s'agit d'un véritable goûter que la peau absorbe et assimile extraordinairement bien.

Une idée simple est de prendre une base de crème naturelle vendue en magasin et de l'enrichir avec des huiles végétales et essentielles.

Note sur l'allaitement

Les huiles essentielles à éviter durant l'allaitement sont principalement le romarin, la sauge officinale, le thuya, le camphre, l'anis et le fenouil. De façon générale, il faut faire usage des huiles essentielles avec prudence lorsqu'on allaite. En revanche, une crème pour le visage avec quelques huiles essentielles est tout à fait inoffensive. Choisissez alors des huiles essentielles délicates et sécuritaires, telles que la lavande, la mandarine, le géranium, le bois de rose, le néroli, la rose et la camomille romaine, très calmante.

CRÈME CORPORELLE

- 1 c. à thé de cire d'abeille
- 1 c. à soupe de beurre de karité
- 1 c. à soupe d'huile de rose musquée
- 1 c. à soupe d'huile d'onagre ou de bourrache
- 20 à 25 gouttes d'huiles essentielles au choix* (pour leurs effets antifongique et antibactérien)
- 3 c. à soupe d'eau florale de rose ou autre

1 Faire fondre la cire d'abeille et le beurre de karité à feu très doux dans un petit chaudron en inox ou dans un bain-marie.
2 Incorporer lentement les huiles de rose et d'onagre ou de bourrache, les huiles essentielles sélectionnées et s'assurer de bien faire tiédir le tout.
3 Verser la préparation dans un mélangeur, puis y ajouter délicatement l'eau de rose afin de former une émulsion et de créer une texture similaire à la mayonnaise. Mettre la préparation dans un pot, puis la laisser refroidir au réfrigérateur.

* *Les huiles végétales que Luc aime ajouter à ses crèmes : argousier CO2, onagre et rose musquée bio.*

Trousse de nettoyage directement du garde-manger

Susan, ma savonnière préférée, et moi partageons les mêmes rituels pour nettoyer notre demeure. Nous trouvons la plupart des matières premières dans notre cuisine, et c'est très bien ainsi. Quel bonheur de laver et de faire briller toute la maison de façon sécuritaire pour la santé et l'environnement ! Chaque personne établira ses propres recettes selon ses goûts, mais voici les ingrédients de base, faciles à se procurer, économiques et pratiques, à avoir en tout temps :

- du bicarbonate de soude ;
- du vinaigre ;
- du savon noir si on veut un produit moussant dans son eau de lavage (pour les planchers et pour un usage général), nécessaire pour mélanger les huiles essentielles ;
- du citron ;
- des huiles essentielles (voir p. 153).

Quelques conseils

Après le lavage, vaporiser les draps, les couvertures, les rideaux et les tissus d'eau florale à la rose ou à la lavande.

Laisser quelques savons artisanaux dans la penderie et dans la lingerie, les serviettes et draps sentiront ainsi bon et frais. La mémoire olfactive est très puissante ; nous vivons avec nos sens et des souvenirs heureux sont en lien avec des odeurs réconfortantes et sécurisantes !

Ouvrir les fenêtres chaque jour, si possible, pour changer l'air.

Terminer en beauté en plaçant un bouquet de fleurs fraîches au centre de la table en guise de récompense bien méritée.

Pour la lessive, la recette de mon amie Sophie (Mini Bulles) est merveilleuse, surtout que vous pouvez la parfumer avec votre huile essentielle préférée. Pourquoi ne pas faire du bien à votre peau au quotidien et, par la même occasion, à la planète, en préparant votre propre mélange ? On estime qu'une famille canadienne moyenne utilise de 20 à 40 litres de nettoyants toxiques par année. Voici une recette pour créer son savon à lessive, qui lavera le blanc comme la couleur en profondeur et en douceur. On peut aussi tout simplement râper le savon détachant de Susan (voir la boutique de jmagazine.ca) et l'utiliser directement.

SAVON À LESSIVE

- 8 tasses d'eau froide
- 5 oz de savon de Marseille, râpé en copeaux assez fins, ou en paillettes
- 5 oz de cristaux de soude*
- 6 c. à soupe de bicarbonate de soude**
- 1 ou 2 c. à thé d'huiles essentielles

1 Faire bouillir 4 tasses d'eau avec le savon râpé tout en mélangeant. Laisser cuire à feu doux 5 à 10 min, en remuant constamment pour éviter les débordements.

2 Retirer du feu. Quand le mélange a un peu refroidi et qu'on peut y tremper le doigt, incorporer les uns après les autres, tout en brassant, les cristaux de soude dilués dans un peu d'eau, 4 tasses d'eau froide et, pour finir, quand le mélange est presque froid, le bicarbonate de soude et les huiles essentielles, pour désinfecter et parfumer.

3 Mélanger jusqu'à ce que le tout devienne bien lisse (c'est plus simple avec un mélangeur à main).

* *N'employez pas de soude caustique, très dangereuse, mais plutôt des cristaux, ou du carbonate de soude. Dégraissants et désodorisants, ils neutralisent l'effet calcaire de l'eau et renforcent le pouvoir nettoyant du savon.*

** *Le bicarbonate de soude assouplit et neutralise les odeurs.*

La médecine traditionnelle chinoise

Khadija Benabdallah, Ph.D. et acupunctrice, m'a été recommandée alors que j'étais aux prises avec les allergies saisonnières. Je voulais croire aux effets de l'acupuncture ; en fait, j'avais tellement besoin d'y croire ! J'avais rendez-vous le jour suivant (vous aurez compris que, lorsqu'une porte s'ouvre, j'y entre rapidement).

Khadija est docteure en biologie et passionnée par la médecine chinoise. Elle a soulagé mes désagréments ainsi que ceux de ma famille. Chaque fois, je suis étonnée par la rapidité, l'efficacité et la puissance de ses traitements (et de ses aiguilles !) aux effets aussi différents que les profils de ceux qui ont la chance de la rencontrer. J'aime l'entendre aussi, car sa perspective, son recul me font du bien. En voici un exemple : « Prendre le temps de manger est important, parce que c'est un rituel qui nous refocalise sur l'essentiel et parce qu'il permet à notre organisme de se reconstituer. On a besoin de vivre, de s'arrêter, de profiter de ce qui nous entoure. » La conscience, la présence, le plaisir et la gratitude sont donc importants et influencent la digestion.

ALIMENTS POUR AIDER LE VIDE DE YANG

Voici des aliments (épices, fines herbes, fruits, etc.) qui aideront à « réchauffer » vos plats. Vous pouvez les ajouter à une vinaigrette versée directement sur le mets ou les prendre en tisane en même temps. Plusieurs d'entre eux aident aussi la digestion.

Ail, ciboulette, échalote, asperge, céleri, fenouil, poireau, riz glutineux, sorgho, aneth, basilic, persil, coriandre, gingembre, cumin, fenouil (graines), fenugrec (cette graine étant très dure, vous pouvez la faire germer ; la graine a un goût amer si vous la mettez dans une soupe et a une odeur d'érable quelle que soit la forme utilisée), cannelle, clou de girofle, abricot, cerise, châtaigne, coing, litchi, pêche, jujube (parfois appelé datte chinoise, fruit du jujubier), noix, pistache, badiane, réglisse.

Un mot de mon acupunctrice, Khadija

« La médecine traditionnelle chinoise est une histoire qui remonte à plus de deux mille ans, à une époque où les sages prenaient le temps d'observer la nature et les humains. Ils ont imaginé une pensée s'inspirant des cultures orientales ancestrales, qui envisage les phénomènes terrestres et humains à l'image de ceux qui régissent l'Univers. Bien sûr, cette pensée s'est enrichie au cours des siècles et s'est confrontée aux idées des autres peuples qui ont échangé avec cette région du monde. La médecine traditionnelle chinoise est la seule médecine qui existe, avec ses bases et concepts, depuis plus de deux mille ans et qui est aujourd'hui une médecine qui se pratique dans les hôpitaux sur des millions de personnes, aux côtés de la médecine conventionnelle. De ce fait, elle conserve ses particularités de médecine holistique et énergétique, et profite de la validation des sciences modernes. Elle est ainsi reconnue efficace par l'OMS pour de nombreux dysfonctionnements.

C'est une médecine dite holistique parce qu'elle considère l'humain dans sa globalité d'une part, et d'autre part comme évoluant dans un environnement qui l'influence. Elle intègre donc dans l'évaluation de la santé des données biopsychosociales et y répond par des moyens touchant toutes ces sphères. Mais, et ce n'est pas peu de chose, elle présente aussi l'intérêt de mettre l'accent sur la prévention.

Le but ultime, pour une acupunctrice comme moi, est d'aider les personnes qui viennent me consulter à se voir évoluer dans leur environnement spécifique. Cela leur permet de modifier certaines de leurs habitudes de vie qui les éloignent de ce que réclame leur être physiologique, émotionnel et social. Cette médecine considère chaque personne comme un tout bien particulier. Les traitements et les mesures préventives vont donc être différents pour chacune.

Mais si je devais donner un conseil valable pour toutes et tous, je choisirais celui-ci : prenez votre temps ! Oui, parce que je crois que le plus grand mal dont souffre notre société, en ce siècle, est cette précipitation en toute chose.

Donc, prenez le temps...

- de voir à la qualité des relations que vous entretenez avec vos proches, vos voisins et vos collègues ;
- d'écouter et de tenir compte des signaux d'alarme que vous lance votre corps, ce qu'il vous crie désespérément ;
- de manger ! Considérez les repas comme une activité à part entière. Pas de lecture de dossiers, ni de discussions d'affaires, ni de télé pendant les repas. Prenez le temps de préparer ceux-ci avec des aliments frais et variés, et dégustez vos réussites en en profitant pleinement dans une ambiance sereine, agréable.

Et... confiez à Jacynthe le soin de vous alimenter en belles idées pour les repas ! »

La détox et l'ayurvéda

J'ai découvert cette vieille médecine grâce à une magnifique femme qui m'a rendu visite. Elle avait une aisance, une liberté, une beauté qui m'ont à la fois fascinée et interpellée. J'ai voulu faire ce qu'elle faisait ! On a jasé d'ayurvéda pendant des heures, puis nous avons correspondu par courriel lorsqu'elle a quitté le pays afin de poursuivre ses études. Avide de ses nouvelles connaissances, j'étais toujours à l'affût de ce qu'elle pouvait m'apprendre.

Une autre femme tout aussi belle a croisé mon chemin lors d'un événement-bénéfice et, cachées dans les coulisses, les nouvelles amies que nous étions ne pouvaient s'arrêter d'échanger sur les rituels ayurvédiques appris et appliqués. Ainsi, je me suis mise le lendemain au nettoyage à l'huile de la bouche, dont je ne peux me passer depuis (voir p. 144) !

Puis, au cours d'un stage en permaculture, j'ai connu Jonathan Léger Raymond (espaceayurveda.ca), thérapeute ayurvédique, qui nous faisait goûter à des toniques digestifs maison, fort impressionnants, efficaces et, à mon avis, délicieux !

L'ayurvéda est aussi une médecine traditionnelle plusieurs fois millénaire, qui regroupe les pratiques thérapeutiques issues de l'Inde. On y trouve des techniques élaborées de massages et de soins corporels, une approche personnalisée de l'alimentation, des plantes médicinales et plus encore.

Ses principales forces résident dans sa vaste expérience pratique, son raffinement ainsi que dans sa capacité à adapter les soins selon la constitution, la personnalité et l'état des individus. Cette adaptation s'articule autour de trois principes fondamentaux appelés *doshas*: *vata*, le mouvement, *pitta*, la transformation et *kapha*, la préservation. Ces principes attribués au corps humain regroupent les symptômes et déterminent quelles actions ou substances sont bénéfiques selon la nature ou les déséquilibres d'une personne.

La science des saveurs	L'ayurvéda nous enseigne l'effet des saveurs et comment celles-ci peuvent contribuer à nettoyer l'organisme de ses toxines. Le piquant et l'amer ravivent le feu digestif et la métabolisation. L'amer stimule aussi le foie, principal organe de détoxication de l'organisme. L'astringent, provenant des tanins contenus dans les écorces et les pelures de fruits notamment, récure les dépôts de toxines et absorbe les excès de gras.
Épices médicinales	Plusieurs épices accessibles peuvent contribuer à la détoxication, par exemple le curcuma qui nettoie le foie et protège le cerveau, la cannelle qui active le métabolisme et favorise la perte de poids, le cumin et le fenouil qui diminuent la formation de gaz dans l'intestin et stimulent la miction. Buvez un peu d'eau chaude avec ½ c. à thé de cannelle et ½ c. à thé de curcuma, deux fois par jour après les repas. Cette formule est aussi délicieuse dans un lait d'amandes chaud, additionné d'un peu de miel.
Les plantes médicinales	Bien que l'on puisse pratiquer l'ayurvéda avec nos plantes locales (pour purifier l'organisme, le pissenlit active le travail des reins, facilitant l'élimination des déchets, alors que le chardon-Marie et le radis noir améliorent le fonctionnement du foie), certaines plantes médicinales ayurvédiques sont maintenant accessibles en Occident. Parmi elles, on trouve le triphala, un mélange de trois fruits qui aident la digestion, nettoient le foie et le petit intestin tout en fournissant une quantité impressionnante d'antioxydants. Pour sa part, le neem ou *Azadirachta indica* excelle lorsque la peau est affectée par les toxines. Enfin, le guduchi (*Tinospora cordifolia*) fait des merveilles pour éliminer l'acide urique en terrain acide tout en soutenant le foie et l'immunité.
Traitements pacificateurs	L'ayurvéda regorge de traitements doux qui contribuent à un programme de détoxication, tel le *shirodhara*, qui consiste en un filet d'huile chaude que l'on fait couler sur le front et le « troisième œil » pour relaxer les fonctions nerveuses et déloger les toxines de la tête. D'autre part, le massage aux herbes sèches, l'*udvarthana*, stimule la circulation sanguine et lymphatique tout en exfoliant la peau, un organe d'élimination important. Enfin, les sudations – *svedana* –, bonifiées d'herbes médicinales, permettent aussi de nettoyer efficacement l'organisme.
La régénération	Après une période de détoxication, l'ayurvéda recommande une thérapie de régénération (*rasayana*) deux fois plus longue. Pour ce faire, on consomme des aliments et plantes médicinales concentrées en nutriments et en antioxydants tout en prévoyant une période de repos et de ressourcement. Toute une branche de l'ayurvéda est d'ailleurs consacrée à la thérapie régénératrice.

Mot de la fin

Bien s'alimenter, trouver l'harmonie, créer un environnement sain, tout part d'un choix. Pour terminer ce livre, voici une réflexion de Guy Corneau, psychanalyste et auteur, sur l'importance de penser à soi et de lâcher prise pour toucher au bonheur et vivre sa vie, tout simplement.

« À mesure que l'on avance dans la vie, on se rend compte d'une chose très simple : notre bonheur dépend de nos états intérieurs. Non seulement dépend-il de nos états intérieurs, il *est* un état intérieur, un état que vous pouvez déguster maintenant quelles que soient les circonstances de votre vie actuelle. Je souligne : quelles que soient les circonstances de votre vie actuelle. En effet, rien ne vous empêche de fermer les yeux quelques minutes, de prendre de bonnes respirations et de vous mettre en lien avec un état heureux en vous. Cela peut se faire en utilisant un souvenir du passé ou encore en inventant une situation de toutes pièces avec les images heureuses correspondantes. C'est une technique que j'utilise chaque jour, surtout dans les périodes difficiles.

En effet, dans nos existences, le bonheur et le malheur vont et viennent par accident, comme si nous ne pouvions rien y faire. Cependant, nous pouvons vraiment agir. En général, nos états intérieurs sont le produit de notre passé, en particulier de nos blessures avec les peurs, les croyances et les attentes qu'elles ont provoquées. Ils sont aussi le produit de notre environnement extérieur : par exemple, il est difficile d'être serein si un nuage radioactif se promène au-dessus de nos têtes ou si la monnaie est en train de s'écrouler. Nos états résultent également des situations émergentes comme la maladie d'un enfant, une mésentente avec notre patron, un accident ou autre chose. Toutefois, il existe une façon de répondre à tout cela sans nier pour autant ce qui nous arrive : choisir notre état intérieur. Alors que vous passez quelques minutes dans ce bonheur intime, tout s'apaise en vous, l'harmonie se déploie et tout votre être répond à cet allégement. La joie émane de vous et elle invite des événements heureux.

À force de faire cet exercice, vous finirez par vous dire tout comme moi : pourquoi ne pas choisir de plonger dans la joie à chaque instant ? En effet, pourquoi pas ? Et vous commencerez à simplifier votre vie sur tous les plans pour permettre à la joie spontanée d'émerger.

Et c'est la grâce que je me souhaite... »

Êtres exceptionnels

Je me suis rendu compte, en écrivant ce livre, que j'avais un merveilleux cercle d'amis, de fantastiques connaissances, des ressources puissantes, et je me sens riche.

Merci à la communauté de jmagazine.ca, à mes amis Luc Larrivée (Céliarôme), Sophie de Mini Bulles, Susan des Savons de la Bastide, Nadia Sofia Segato, Mélanie Ménard de La Station Organique, Julie Breton, Guy Corneau, Geneviève Grandbois, Audrey Skoropad, Danielle Denichaud, l'inspirant professeur Véronique Brassard, Bonnie Tees (du restaurant Bonnys) ; un merci chaleureux à mon acupunctrice Khadija Benabdallah pour son aide précieuse ; merci à Jocelyna Dubuc, Jacqueline Lagacé, Anne-Marie Roy, Dany Lévesque, Richard Matte et Jean-Luc Lavoie pour leur précieuse contribution ; merci à l'équipe de Vega pour les webinaires, à Brendan Brazier, Chad Sarno et Pam Brown qui donnez à ma quête un air international !

Un merci très spécial à Jean Baril, qui me fait confiance depuis mon premier livre : je suis privilégiée de te compter parmi mes amis. Merci à mon éditeur, qui m'a entourée de la plus belle équipe qui soit (Marie-Eve et Marike, je vous adore, vous et vos soins) ; merci à Marco Marsolais, mon maquilleur/coiffeur et ami, merci à Marc Dussault, tous deux formez le duo photo rêvé.

Merci à mon amie Madame Passion, qui m'a fait découvrir le bonheur des foires d'antiquités (qui ont servi à toutes nos photos !).

Merci à mon amoureux, qui a changé ma vie et a fait de moi qui je suis, à mes enfants, mon inspiration de tous les jours pour être meilleure.

♡ ♡ ♡

Psst ! Visitez jmagazine.ca
pour d'autres recettes et trouvailles !

J MAGAZINE

Cet ouvrage a été composé en Mission Gothic 10/13,5
et achevé d'imprimer en octobre 2014 sur les presses de Marquis imprimeur, Québec, Canada

L'équipe du livre
a eu un gros
coup de coeur
pour Pépito!
♡ ♡ ♡